A-Z FOR ITALIAN

ESSENTIAL VOCABULARY ORGANIZED BY TOPIC FOR IB DIPLOMA

Italian Ab Initio / Italian B

BEATRICE PAROLIN

Published by Elemi International Schools Publisher Ltd

© Copyright 2025 Elemi International Schools Publisher Ltd

Author: Beatrice Parolin

Series Editor: Mary James
Specialist Editors: Jenny Gwynne, Stefania Gobbi

The author and publisher would like to acknowledge the very valuable input of Maria Gloria Borsa who reviewed and commented on the manuscript. Maria is an experienced educator, an IB DP Workshop Leader, IB CAS Coordinator and IB Examiner for Italian Language B. She currently teaches Italian Language B together with Spanish Literature at Bellaire High School in Houston, United States.

First published 2025

All rights reserved. No part of this publication may be copied, reproduced, duplicated, stored in a retrieval system, or transmitted in any form or by any means, without the prior written permission of Elemi International Schools Publisher Ltd, or as permitted by law or by licence. Enquiries about permission for reproduction should be addressed to the publisher.

If you photocopy/scan this book, or if you are given a photocopied/scanned version of this book or any part of it, please be aware that you are denying the author and publisher the right to be appropriately paid for their work.

A catalogue record of this title is available from the British Library
British Library Cataloguing in Publication Data

ISBN 978-1-7394670-0-5

Page layout/design by EMC Design Ltd
Cover design by Elena Spiers

We are an entirely independent publishing company. This resource has been developed independently from and is not endorsed by the International Baccalaureate Organization. International Baccalaureate, Baccalauréat International, Bachillerato Internacional and IB are registered trademarks owned by the International Baccalaureate Organization.

Contents

Theme/topic

Introduction		4
1 Identità		**5**
A	Le caratteristiche personali	5
B	I rapporti personali	11
C	L'alimentazione	15
D	Il benessere fisico e mentale	17
E	Convinzioni, credenze e valori	19
F	Sottoculture	20
2 Esperienze		**21**
A	La routine quotidiana	21
B	Il tempo libero	23
C	Le vacanze ed il turismo	25
D	Le feste e rassegne	28
E	Storie di vita	31
F	I riti di passaggio	32
G	Migrazioni	33
3 Ingegno umano		**37**
A	Il trasporto	37
B	L'intrattenimento	40
C	I media	45
D	La tecnologia	47
E	Le innovazioni scientifiche	50
4 Organizzazioni sociali		**52**
A	Dove abito	52
B	Le relazioni sociali	55
C	La comunità	57
D	L'impegno sociale	58
E	L'istruzione	61
F	Il posto di lavoro	65
G	Le questioni sociali	67
H	La legge e l'ordine	69
5 Condividere il pianeta		**71**
A	Il clima	71
B	La geografia fisica	74
C	L'ambiente rurale e urbano	75
D	L'ambiente	76
E	I problemi globali	79
F	I diritti umani	80
G	I conflitti e la pace	81
H	L'uguaglianza	83
I	La globalizzazione	84
J	L'etica	85
6 Vocabolario utile		**86**
A	Lessico di base	86
B	Per la prova orale	96
C	Per la prova scritta	105

Studying Italian Ab Initio or Italian B SL/HL at IB Diploma

The IB Italian Ab Initio and Italian B Standard Level (SL) and Higher Level (HL) Diploma programmes are rigorous and challenging language acquisition courses which help develop your linguistic skills as well as your inter-cultural understanding.

How this resource can help you

Studying Italian Ab Initio and Italian B SL and HL as part of the IB Diploma programme involves a substantial amount of time for independent study and you may need additional support from your teacher, friends, or other resources. Of course, your teacher and friends may not always be available, particularly when it comes to acquiring, learning, and using a broad range of language and vocabulary across a variety of different topics.

This book aims to help you by providing a core of vocabulary and language organized by the themes and topics you will be studying as part of your IB Diploma, both at Ab Initio and at Italian B SL/HL.

The content for the Ab Initio course and for Italian B SL/HL is appropriately signposted in the book:

- **Vocabolario di base** – vocabulary and phrases suitable for Italian Ab Initio, and for revision and reinforcement at Italian B SL and HL
- **Vocabolario avanzato** – more advanced and sophisticated vocabulary and phrases, suitable for Italian B SL and HL; the content is marked with a pink **Italian B** rule in the left margin

There are five broad themes (**Sections 1–5** in this book). Each theme is divided into topics, and each topic is divided into sub-topics based on the IB Language Ab Initio and Language B guides. These are organized along the following lines:

- individual words (you may find some of these are already known to you, but they act as a useful reminder, especially for the Italian B SL and HL courses)
- verbs and verb collocations (verbs and words which are often used in combination). It is very important to know which Italian verbs to use as they are not always interchangeable. For example, '*to have* breakfast' is not '*avere* colazione', but '*fare colazione*'. Verbs are listed in the infinitive form.
- phrases and sentences at a more straightforward level
- more sophisticated sentences which you may wish to use to showcase your Italian, indicated by *. These sentences model the use of a linguistic feature, for example, relative pronouns, special forms of verbs, verbs in different tenses or moods such as the subjunctive, or other examples of special vocabulary. These are highlighted **in bold**. To help you identify the equivalent words/phrases in English, these are shown **in bold** as well.

Section 6 provides you with generic language not related to specific topics (time, colours, etc), followed by suggestions to help you prepare for your individual oral assessment: ***Per la prova orale***. This lists phrases and model sentences for describing an image for Ab Initio and Italian B SL, and for answering questions, and for discussing a literary extract for Italian B HL. In ***Per la prova scritta***, you will find vocabulary to use when tackling the IB writing tasks, including specific phrases related to different text types.

Generally, the language in this resource is in standard register, providing you with Italian that you would read or hear in Italy. Words and phrases which are more familiar are indicated as (fam) and more idiomatic language is shown with (id).

Note that this is not a comprehensive list of vocabulary and language, and you are encouraged to acquire a broad range of vocabulary. If your teacher gives you additional words, or through your own reading you come across suitable language, you might choose to write it into this book, so it becomes more like a personal vocabulary book for you.

There are occasional references to another section in the book; these cross references are not exclusive and you may find other opportunities to blend the language from different sections. This is another way in which you can personalize the language for your own needs.

We wish you the best on your Italian learning journey and, of course, the greatest success in your exams!

Beatrice and the team at Elemi

Identità

A Le caratteristiche personali

Mi presento (nome, età, nazionalità, dove abito, lingue)	Let me introduce myself (name, age, nationality, where I live, languages)
il nome/il secondo nome/il soprannome	name/middle name/nickname
il cognome	surname
l'età	age
il compleanno	birthday
l'onomastico	name day
la carta d'identità/il passaporto	ID card/passport
la nazionalità	nationality
la data/il luogo di nascita	date/place of birth
l'indirizzo/il domicilio/la residenza	home address/domicile/residence
chiamarsi (mi chiamo …)	to be called (My name is … *or* I'm called …)
avere x anni	to be x years old (*literal: to have x years*)
abitare/vivere **a** (+ *città*)/**in** (+ *Paese/regione al singolare*)/**negli**/**nei**/**nelle** (+ *Paese/regione al plurale*)	to live **in** (+ *town/region/country*)
essere di nazionalità/origine italiana/britannica/cinese	to be of Italian/British/Chinese nationality/origin
avere la doppia nazionalità	to have dual nationality
sentirsi italiano(-a)/americano(-a)/francese	to feel Italian/American/French
parlare (un po' di) italiano/francese/tedesco/spagnolo/russo/arabo/cinese	to speak (a little bit of) Italian/French/German/Spanish/Russian/Arabic/Chinese
parlare fluentemente/correntemente l'inglese	to speak English fluently
essere bilingue/trilingue	to be bilingual/trilingual
cavarsela in italiano (me la cavo in italiano) (fam)	to get by in Italian (I get by in Italian)
Mi chiamo Sofia Ricci. Il mio cognome si scrive R.I.C.C.I.	My name is Sofia Ricci. My surname is spelled R.I.C.C.I.
Il mio nome è Leonardo, ma tutti mi chiamano Leo.	My name is Leonardo, but people call me Leo.
Il mio nome/cognome è di origine italiana.	My name/family name is of Italian origin.
Mi chiamo Stefano e il mio onomastico è il 26 dicembre.	My name is Stephen and my name day is the 26th of December.
Ho quasi sedici anni.	I'm nearly sixteen.
Ho appena compiuto diciassette anni.	I've just turned seventeen.
(Io) sono nato(-a) in/a maggio.	I was born in May.
Il mio compleanno è il 22 luglio.	My birthday is on the 22nd of July.
(Lui) ha una trentina d'anni/è sulla trentina.	He is in his thirties.
Di dove sei? *o* Da dove vieni?	Where are you from? (*informal*)
Di dov'è (Lei)? *o* Da dove viene (Lei)?	Where are you from? (*formal*)

Identità

(Io) sono di Roma/vengo da Roma.	I'm from Rome/I come from Rome.
Sono britannico(-a)/tedesco(-a)/americano(-a)/indiano(-a)/cinese/francese.	I am British/German/American/Indian/Chinese/French.
(Io) capisco e leggo l'italiano, ma non lo parlo tanto bene.	I understand and read Italian, but I don't speak it very well.
Abito in via Giuseppe Garibaldi, 27 a Roma e il mio codice postale è 00186.	I live at number 27 Giuseppe Garibaldi Street in Rome and my postcode is 00186.
(Io) **vivo** qui **da quando** avevo 12 anni.	I **have lived** or **have been living** here **since** I was 12.
I miei genitori sono originari di Londra ma **vivono** a Milano **dal** 2016.	My parents are originally from London but **have lived** in Milan **since** 2016.
(Io) **parlo** inglese **da quando abito** negli Stati Uniti.	**I have spoken** English (**ever**) **since I have lived** in the US.
(Io) sono bilingue francese-inglese e **studio** l'italiano **da** sei mesi.	I'm bilingual in French and English and **I have been learning** Italian **for** six months.

La propria identità / Your own identity

la personalità/il carattere/il temperamento	personality/character/temperament
la scelta dei passatempi/delle attività di svago	choice of leisure activities/hobbies
i gusti e le preferenze	tastes and preferences
le persone che si frequentano/le conoscenze	people you're friends with/acquaintances
il lavoro/la situazione professionale/la carriera	job/job situation/career
le esperienze/il vissuto (personale)/i ricordi	experiences/personal history/memories
i valori/le convinzioni	values/beliefs
l'orientamento sessuale	sexual orientation
essere italiano(-a) di nascita/d'adozione	to be Italian from birth/to have become Italian
essere in bilico tra due/tre culture	to be in between two/three cultures
(Io) assomiglio tantissimo a mio padre.	I really look like my dad.
La famiglia e l'ambiente/il contesto sociale influenzano molto chi si è.	Family and social environment/context have a big influence on who you are.
È affascinante creare un albero genealogico per scoprire le proprie origini.	It's fascinating to make a family tree to discover your background.
Secondo me, il contesto sociale e culturale in cui viviamo influenza il nostro comportamento e come guardiamo al futuro.	In my opinion, the social and cultural context in which we live influences our behaviour and how we look at the future.
La nostra identità non è fissa ed evolve durante il corso della nostra vita.	Our identity is not fixed and evolves throughout our life.
A volte la propria personalità si modifica a seconda delle circostanze e di chi si frequenta.	Sometimes, your personality changes depending on the circumstances you are in and the people you are with.
Creiamo la nostra identità digitale su internet lasciando una traccia ogni volta che navighiamo in rete.	We create our digital identity on the internet by leaving behind traces each time we go online.
Bisogna controllare la propria identità virtuale per evitare il rischio di furto d'identità.	You must control your virtual identity to avoid the risk of identity theft.

Identità

* **Sembra che** i nostri geni **abbiano** un ruolo molto più importante nella formazione della nostra identità di quello che credevamo fino ad ora.

  It seems that our genes **have** a much more important role to play in our identity than we originally thought.

* Secondo alcuni scienziati, certi comportamenti, come il desiderio di viaggiare e di espatriare, **sarebbero** geneticamente programmati (il gene del nomadismo).

  According to scientists, some types of behaviour, such as the desire for travel and expatriation, **appear to be** genetically programmed (the nomadic gene).

* La predilezione per alcuni alimenti e la tolleranza all'alcol **sarebbero** dei caratteri ereditari.

  What we like eating and the way we tolerate alcohol **are believed to be** hereditary traits.

* Il nostro modo di pensare e le nostre opinioni politiche **sembrerebbero** essere determinati da dei geni che **favorirebbero** la tendenza a seguire la tradizione o il desiderio di cambiamento.

  Our views and political opinions **seem to be** determined by genes which **would favour** either a tendency to follow tradition or a desire for change.

La conoscenza delle lingue — Knowing languages

la lingua (madre)/l'idioma (m)	(mother) tongue/language
le lingue straniere/moderne	foreign/modern languages
le lingue classiche/antiche come latino e greco	classical/ancient languages like Latin and Ancient Greek
la lingua parlata	spoken language
la lingua ufficiale/regionale/indigena	official/regional/indigenous language
il dialetto/le varietà regionali (es. il napoletano, il siciliano, il sardo, il veneto)	dialect/regional variations (e.g. Neapolitan, Sicilian, Sardinian, Venetian dialect)
il monolinguismo/il bilinguismo/il multilinguismo	monolingualism/bilingualism/multilingualism
il neologismo	neologism
il prestito linguistico/l'anglicismo/il francesismo/il germanismo	loan word/anglicism/gallicism/germanism
le barriere linguistiche	language barriers
le minoranze linguistiche (es. il ladino, lo sloveno, l'albanese, il greco sono minoranze linguistiche presenti in Italia.)	linguistic minorities (e.g. Ladino, Slovenian, Albanian, Greek are linguistic minorities present in Italy.)
la lingua d'origine/nativa	language of origin/native language
la lingua unitaria/letteraria	unified/literary language
l'apprendimento delle lingue straniere	foreign language learning
il gergo giovanile/degli adolescenti	teen jargon
tradurre/interpretare	to translate/to interpret
essere portato(-a) per le lingue/per imparare le lingue/per lo studio delle lingue	to have an aptitude for languages/for learning languages/for language studies
avere una buona padronanza (scritta/parlata) della lingua	to have a good command of the language (written/spoken)
essere in grado di comunicare nella lingua del Paese che si visita/dove si vive	to be able to communicate in the language of the country you are visiting/where you live
A casa, parliamo molte lingue e questo fa parte della nostra identità.	At home, we speak several languages, and this is part of our identity.
(Io) parlo inglese e cinese fluentemente/correntemente, e ho un livello base di tedesco.	I speak English and Chinese fluently, and I have a basic knowledge of German.

Identità

Conoscere le lingue sviluppa l'apertura mentale e la tolleranza verso altre culture.

La pluralità linguistica va di pari passo (id) con la ricchezza culturale.

Il linguaggio dei giovani permette agli adolescenti di sentirsi diversi dai loro genitori e di affermare la loro identità con il loro gruppo di amici.

* **Sono al favore del fatto che** lo studio di una lingua straniera **sia** obbligatorio per il diploma di baccalaureato internazionale.

* **Molti ritengono che** la lingua **faccia** parte sia della nostra identità individuale sia della nostra identità nazionale/regionale. In Alto Adige, per esempio, all'età di 18 anni si deve dichiarare il gruppo linguistico a cui si appartiene (italiano o tedesco).

* A mio avviso, **è improbabile che** una lingua artificiale come l'esperanto **possa** diventare una lingua universale.

* È molto probabile che imparare una lingua **rallenti** la perdita della memoria e il deterioramento delle facoltà cognitive.

Knowing languages develops open-mindedness and tolerance towards other cultures.

Linguistic plurality goes hand in hand (*literal: walks with equal steps*) with cultural richness.

Using slang allows young people to feel different from their parents and to assert their identity within their peer group.

I am in favour of the study of a foreign language **being** compulsory for the International Baccalaureate diploma.

Many think that language **is** part of our personal identity as well as our national/regional identity. In Alto Adige, for example, at the age of 18 you have to declare which linguistic group you belong to (Italian or German).

In my opinion, **it is unlikely that** an artificial language such as Esperanto **could** become a universal language.

It is highly likely that learning a language **delays** memory loss and the deterioration of cognitive function.

Le descrizioni fisiche / Physical description

l'aspetto fisico	looks/physical appearance
il corpo/il fisico	body/physique
i vestiti/l'abbigliamento	clothes/clothing
essere bello(-a)/brutto(-a)	to be pretty/not pretty
essere alto(-a)/basso(-a)	to be tall/short
non essere né alto(-a) né basso(-a)/essere di altezza media	to be neither tall nor short/to be of average height
essere magro(-a)/snello(-a)/atletico(-a)/robusto(-a)/ben messo(-a)	to be thin/slim/athletic/stout/well-built
essere giovane/anziano(-a)	to be young/elderly
avere gli occhi azzurri/blu/verdi/grigi/marroni/nocciola	to have light blue/blue/green/grey/brown/hazelnut eyes
avere i capelli …	to have …
… biondi/neri/rossi/grigi/bianchi	… blond/black/ginger/grey/white hair
… castani/castano scuro/castano chiaro	… brown/dark brown/light brown hair
… corti/lunghi/dritti/ondulati *o* mossi/ricci	… short/long/straight/wavy/curly hair
essere calvo(-a)	to be bald
avere la barba/i baffi	to have a beard/a moustache
avere la pelle chiara/olivastra/scura	to have light/olive/dark skin
avere le lentiggini/i brufoli/le rughe/una cicatrice	to have freckles/pimples (acne)/wrinkles/a scar

Identità

portare gli occhiali (da sole)/le lenti a contatto/ l'apparecchio (per i denti)	to wear (sun)glasses/contact lenses/braces
portare i capelli in *o* fare una coda (di cavallo)/ uno chignon	to wear your hair in a ponytail/bun
fare le trecce/treccine	to have plaits/braids
prendersi cura del proprio aspetto (fisico)	to take care of your looks
truccarsi	to put on make-up
avere/fare un tatuaggio/un piercing	to have/to get a tattoo/a piercing
vestirsi bene/male/casual/in modo formale/in modo informale/alla moda	to dress smartly/badly/casually/formally/informally/ fashionably
indossare *o* portare vestiti eleganti/comodi/ pratici/sportivi/eccentrici	to wear elegant/comfortable/practical/sporty/eccentric clothes
indossare *o* portare i costumi/gli abiti nazionali/ tradizionali	to wear national/traditional costumes
Sono alto(-a) un metro e settanta e peso 58 chili.	I am 1.7m tall and I weigh 58 kilos.
Penso di essere un po' troppo robusto(-a)/ magro(-a).	I think I'm a bit too chubby/skinny.
Per molte persone, è importante essere in ordine con i capelli ben pettinati/acconciati ed essere ben vestiti.	For many people, it's important to look smart with neatly styled hair, and to be well dressed.
Secondo gli stereotipi, gli italiani **avrebbero** tutti i capelli e gli occhi scuri e **porterebbero** sempre gli occhiali da sole.	According to the stereotype, all Italians **would have** dark hair and dark eyes and **would wear** sunglasses all the time.
Ho un tatuaggio sul braccio che ben rappresenta la mia personalità.	I have a tattoo on my arm which represents my personality well.
Alcuni giovani portano dei piercing per affermare la loro identità.	Some young people have piercings to assert their identity.
Il modo in cui qualcuno si veste dice molto del suo carattere/della sua personalità.	The way someone dresses says a lot about their character.
Secondo uno stereotipo largamente diffuso, gli uomini italiani sono sempre alla moda e ben curati.	Stereotypically, Italian men are always well-dressed and well-groomed.
Nella società dell'immagine in cui viviamo oggi, l'aspetto fisico è **più** importante **di** tutto il resto/è **la** cosa **più** importante.	In this image-conscious world we live in, physical appearance is **more** important **than** everything else/is **the most** important thing.
Molti giovani qui preferiscono indossare i vestiti occidentali **piuttosto che** i costumi tradizionali.	Many young people here prefer to wear Western-style clothing **rather than** traditional dress.
Sono la copia esatta di mio padre. (id)	I'm the spitting image of my father. (*literal: I'm the exact copy of my father.*)
Siamo due gocce d'acqua. (id)	We're like two peas in a pod. (*literal: We look like two drops of water.*)

Identità

La personalità: pregi e difetti	Personality: positive and negative traits
essere/sembrare/avere l'aria di essere …	to be/to seem/to appear to be …
… simpatico(-a)/antipatico(-a)	… friendly/unfriendly
… buono(-a)/cattivo(-a)	… good or nice/mean
… felice/contento(-a)/allegro(-a)/triste	… happy/content/cheerful/sad
… gentile/cortese/maleducato(-a)/scortese	… nice/kind/rude/ill-mannered
… ordinato(-a)/disordinato(-a)	… organised/disorganised
… divertente/spiritoso(-a)/noioso(-a)	… funny/witty/boring
… attivo(-a)/sportivo(-a)/pigro(-a)	… active/sporty/lazy
… sincero(-a)/onesto(-a)/disonesto(-a)	… sincere/honest/dishonest
… estroverso(-a)/introverso(-a)	… extroverted/introverted
… ottimista/pessimista	… optimistic or positive/pessimistic or negative
… generoso(-a)/altruista/comprensivo(-a)/egoista	… generous/unselfish/understanding/selfish
… responsabile/diligente/irresponsabile	… responsible/conscientious/irresponsible
… calmo(-a)/tranquillo(-a)/irritante	… calm/tranquil/annoying
… amichevole/socievole/chiacchierone(-a)	… friendly/sociable/chatty
… curioso(-a)/intelligente/perspicace	… curious or inquisitive/intelligent/perceptive or insightful
… timido(-a)/riservato(-a)	… shy/reserved
… testardo(-a)/geloso(-a)/viziato(-a)	… stubborn/jealous/spoiled
avere un buon/brutto/cattivo carattere	to be good-/bad-/bad-tempered
avere (un buon) senso dell'umorismo	to have a (good) sense of humour
ispirare fiducia/rispetto	to inspire confidence/respect
Sono sempre di buon umore/di cattivo umore.	I am always in a good mood/in a bad mood.
Non è mai contento(-a)/felice/stressato(-a)/	He/She is never content/happy/stressed.
Pensa sempre prima a se stesso(-a) che agli altri.	He/She always puts himself/herself first before others.
Pensa sempre prima agli altri che a se stesso(-a).	He/She always puts others first before himself/herself.
Vede sempre il lato positivo/negativo delle cose.	He/She always sees the positive/negative side of things.
Mio padre non si arrabbia mai/si arrabbia facilmente.	My father never gets angry/gets angry quickly.
Penso di essere una persona socievole.	**I think I am** a sociable person.
Quello che mi piace del mio professore è che è severo ma giusto.	**What** I like about my teacher is that he's strict but fair.
Ciò che ammiro **di più** in lui/lei è la sua intelligenza.	**What** I admire **most** about him/her is his/her intelligence.
Si dice spesso che gli italiani **siano** amichevoli ma anche rumorosi e che **gesticolino** un sacco.	**People often say that** Italians **are** friendly but also loud and that they **gesticulate** a lot.
Francesco non ha i piedi per terra. (id)	Francesco doesn't have his feet firmly on the ground.
Mio fratello è buono come il pane. (id)	My brother is very nice. (literal: My brother is as good as bread.)
Mia sorella non ha peli sulla lingua e dice sempre quello che pensa. (id)	My sister always says what she thinks without mincing her words. (literal: My sister doesn't have hairs on her tongue and she always says what she thinks.)

B I rapporti personali

La famiglia / Family

la madre/la matrigna/la moglie di mio padre	mother/stepmother/my father's wife
il padre/il patrigno/il marito di mia madre	father/stepfather/my mother's husband
la nonna/il nonno	grandmother/grandfather
i genitori/i nonni/i bisnonni	parents/grandparents/great-grandparents
il figlio/la figlia	son/daughter
il primo/secondo/terzo figlio	first/second/third child
il fratello/il fratellastro	brother/stepbrother
la sorella/la sorellastra	sister/stepsister
il fratello maggiore/minore/gemello	elder/younger/twin brother
la sorella maggiore/minore/gemella	elder/younger/twin sister
i gemelli identici/le gemelle identiche	identical twins
il marito/la moglie	husband/wife
il coniuge/i coniugi	spouse/spouses
lo sposo/la sposa/gli sposi	groom/bride/bride and groom
il/la compagno(-a) *o* il/la partner	partner
il fidanzato/la fidanzata	fiancé/fiancée
il ragazzo/la ragazza	boyfriend/girlfriend
la coppia	couple
lo zio/la zia/gli zii	uncle/aunt/uncle and aunt
il cugino/la cugina	cousin
il nipote/la nipote/i nipoti	nephew *or* grandson/niece *or* granddaughter/nephews and nieces *or* grandchildren
il suocero/la suocera/i suoceri	father-in-law/mother-in-law/the in-laws
il genero/la nuora	son-in-law/daughter-in-law
il cognato/la cognata/i cognati	brother-in-law/sister-in-law/brothers *or* sisters-in-law
i parenti/la parentela (sing.)/i familiari	relatives/relatives/family members
un membro/un componente/una componente della famiglia	family member
un parente stretto/lontano	close/distant relative
una famiglia monoparentale/allargata	single-parent/extended family
una famiglia tradizionale/moderna	traditional/modern family
un animale domestico *o* da compagnia	pet
essere figlio(-a) unico(-a)	to be an only child
essere il/la maggiore/minore	to be the eldest/youngest
fidanzarsi/sposarsi/risposarsi	to get engaged/to get married/to get remarried
convivere/andare a convivere	to live together as a couple/to move in together
separarsi/divorziare	to separate/to divorce
essere vedovo(-a)	to be a widower/widow
vivere sotto lo stesso tetto	to live under the same roof

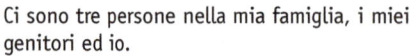

Ci sono tre persone nella mia famiglia, i miei genitori ed io.	There are three people in my family, my parents and me.
Non ho né fratelli, né sorelle. Sono figlio(-a) unico(-a).	I have neither brothers nor sisters. I'm an only child.
Vengo da una famiglia numerosa/poco numerosa.	I come from a large/small family.
(Purtroppo) non ho animali a casa.	(Unfortunately) I don't have a pet at home.
Ho un cane che fa veramente parte della famiglia!	I have a dog who is really part of the family!
Mia madre fa la traduttrice/si occupa di traduzioni.	My mother is a translator/works in translation.
Mia sorella studia giurisprudenza all'università in Italia e **ha intenzione di laurearsi** l'anno prossimo.	My sister is studying Law at university in Italy, and she **intends to graduate** next year.
In Italia il legame tra parenti è molto forte.	In Italy the bond between relatives is very strong.
La famiglia per gli italiani **è il valore più importante**, ma la famiglia italiana è una delle più piccole del mondo, in quanto è composta generalmente dai genitori e da uno o due figli.	Family is the **most important value** for Italians, but the Italian family is one of the smallest in the world, as there are generally the parents and one or two children.

L'amore e l'amicizia / Love and friendship

un amico/un'amica (d'infanzia)	(childhood) friend
il migliore amico/la migliore amica *o* l'amico/l'amica del cuore	best friend
un compagno/una compagna (di classe)	friend *or* (class)mate
un gruppo di amici	group of friends
incontrare/conoscere/fare la conoscenza di qualcuno	to meet/to meet/to get to know someone
fare amicizia con qualcuno/essere amico/amica di qualcuno	to befriend someone/to be friends with someone
avere molte cose in comune con qualcuno	to have a lot in common with someone
innamorarsi di qualcuno	to fall in love with someone
uscire con qualcuno	to go out with/to date someone
stare insieme/essere una coppia *o* fare coppia (fissa)	to be together (as a couple)/to be a couple
Di solito, mi trovo con i miei amici in centro.	I usually meet up with my friends in town.
Lei è la mia migliore amica sin dalla scuola primaria/elementare.	She has been my best friend since primary/elementary school.
Mi tengo in contatto con i vecchi amici e ci incontriamo online/in rete spesso.	I've kept in touch with my friends, and we meet up online quite often.
Farei **qualsiasi cosa** per il mio migliore amico/la mia migliore amica!	I would do **anything** for my best friend!
Per me, l'amico/l'amica ideale è **qualcuno di cui** ti puoi fidare.	For me, the ideal friend is **someone whom** you can trust.
Secondo me, il/la partner ideale è **qualcuno su cui** puoi contare e **con cui** ti senti bene.	In my opinion, the ideal partner is **someone on whom** you can rely, and **with whom** you feel comfortable.
essere amici per la pelle (id)	to be best friends
avere un colpo di fulmine per qualcuno (id)	to experience love at first sight *or* to be really taken with someone (*literal: to have a lightning strike for someone*)
Spero di trovare la mia anima gemella. (id)	I hope I'll find my soulmate. (*literal: my twin soul*)

Identità

Va tutto bene!

andare d'accordo con qualcuno	to get on well with someone
essere d'accordo con qualcuno	to agree with someone
mettersi d'accordo con qualcuno	to come to an agreement with someone/to arrange something with someone
stare/sentirsi ...	to be/to feel ...
... bene (con)	... good (with)
... a proprio agio (con)	... comfortable (with)
trovare qualcuno simpatico/gentile/divertente	to find someone nice/kind/funny
avere un buon rapporto/dei buoni rapporti	to have a good relationship
avere del rispetto/dell'ammirazione/della simpatia per qualcuno	to respect/to admire/to like someone

Nella mia famiglia andiamo tutti molto d'accordo. — In my family, we all get along very well.

Sono molto legato(-a) a mio fratello e a mia sorella. — I am very close to my brother and my sister.

Faccio amicizia facilmente. — I make friends quite easily.

Trovo i miei nuovi vicini di casa simpatici. — I find my new neighbours very nice.

A scuola, sono tutti molto gentili con me. — At school, everyone is very nice **to me**.

Amo stare con i miei amici perché mi sento bene con loro. — I like being with my friends because I feel great **with them**.

Nonostante qualche volta litighi con i miei amici, faccio subito pace con loro. — **Even though** I sometimes **argue** with my friends, I quickly make up with them.

Va tutto male!

il divario generazionale/i conflitti generazionali	generation gap
avere un brutto rapporto (con)	to have a bad relationship (with)
arrabbiarsi (con)	to get angry (with)
litigare/discutere (con)	to fight *or* to fall out/to argue (with)
rompere (con) (fam)	to break up (with)
trovare qualcuno antipatico	to find someone unpleasant
essere geloso(-a) (di)	to be jealous (of)
essere cattivo(-a) (con)	to be nasty (with)
sentirsi a disagio (con)	to feel uncomfortable (with)

Non vado per niente d'accordo con mio fratello. Litighiamo sempre/in continuazione. — I don't get on at all with my brother. We argue all the time.

Non sopporto mia sorella. Si comporta male con me. — I can't stand my sister. She behaves badly towards me.

Qualche volta nella mia famiglia i rapporti sono un po' tesi quando siamo stressati. — Sometimes in my family, relationships are a bit tense, when we are stressed.

Ho litigato molto con la mia famiglia durante la nostra ultima vacanza perché eravamo sempre insieme. — I **argued** a lot with my family during our last holiday because we **were** always together.

Io e mio fratello siamo come cane e gatto. (id) — My brother and I don't get on at all./We fight like cats and dogs. (*literal: We are like dog and cat.*)

Identità

Le scelte di vita

il modo *o* la maniera di vivere/lo stile di vita	way of life/lifestyle
le abitudini quotidiane	daily habits
il modo *o* la maniera di comportarsi con gli altri/come ci comportiamo con gli altri	the way to behave with others/how we behave with others
la scelta di seguire uno stile di vita sano	the choice of having a healthy lifestyle
avere/seguire una dieta sana e bilanciata	to have/to follow a healthy and balanced diet
avere uno stile di vita sedentario	to have a sedentary lifestyle
passare molto tempo davanti alla TV/essere un/una pantofolaio(-a) (fam)	to laze about in front of the TV/to be a couch potato (*literal: someone who always wears slippers*)
Molti miei amici sono molto socievoli/amano incontrare altre persone, ma a me piace anche stare da solo(-a)/per conto mio.	Many of my friends are very sociable/like meeting others, but I also enjoy being on my own/being alone.
Io socializzo/passo del tempo con i miei amici, ma non esco sempre con la stessa compagnia/con lo stesso gruppo.	I socialize/hang out with friends, but I don't always go out with the same group.
Faccio/Conduco una vita attiva e mi piacciono le attività all'aperto/mi piace stare all'aria aperta.	I have/I lead an active life and I like outdoor activities/I like the great outdoors.
A mio parere, i genitori influenzano molto le scelte di vita dei loro figli.	In my opinion, parents influence their children's lifestyles a great deal.
* Il proprio stile di vita dipende molto dal Paese **in cui ci si trova**/**si vive**.	Your lifestyle depends a lot on the country **where you happen to be**/**you live**.
* **Se vivessi** in Italia probabilmente **cambierei** alcune abitudini per adattarmi meglio alla cultura del Paese.	**If I lived** in Italy, **I would** probably **change** some of my habits to best adapt to the country's culture.
* Il nostro modo di vivere riflette i nostri atteggiamenti/comportamenti, i nostri valori e come vediamo il mondo **in cui** viviamo.	Our way of life reflects our attitudes, our values and the way we see the world **in which** we live.
* Le nostre scelte di vita sono spesso determinate dall'ambiente sociale **a cui** apparteniamo/**di cui** facciamo parte.	Our life choices are often determined by the social environment **to which** we belong/**of which** we are a part.
* L'ideale sarebbe poter seguire lo stile di vita che meglio ci rappresenta.	The ideal would be to be able to follow the lifestyle that best represents us.
* Per quanto riguarda lo stile di vita dei giovani, **penso che** il più grande cambiamento del 21esimo secolo **sia stata** l'introduzione delle reti sociali, su cui si basa la vita sociale di molti adolescenti non solo in Italia ma in moltissimi Paesi del mondo.	Regarding the lifestyle of young people, **I think that** the greatest change of the 21st century **was** the introduction of social networks, on which the social life of many teenagers depends, not only in Italy but in many countries of the world.

C L'alimentazione

Il cibo e i pasti — Food and mealtimes

gli alimenti/i cibi/l'alimentazione	foods/foods/diet
le portate (l'antipasto/il primo/il secondo/il dolce)	courses (starter/first course/second course/dessert)
una bevanda calda/fredda	hot/cold drink
le bibite gassate/energizzanti	fizzy/energy drinks
i prodotti freschi/biologici/locali *o* a Km 0/surgelati/a basso *o* a ridotto contenuto di grassi	fresh/organic/local/frozen/low-fat foods
il cibo spazzatura/le merendine/le caramelle/i cibi pronti	junk food/sugary snacks/sweets *or* candies/ready meals
un piatto tradizionale/casalingo	traditional/homemade dish
una specialità nazionale/regionale	regional/national speciality
la (prima) colazione/lo spuntino/il pranzo/la merenda/la cena	breakfast/snack/lunch/afternoon snack/dinner
fare colazione/fare uno spuntino/pranzare/fare merenda/cenare	to have breakfast/to have a snack/to have lunch/to have an afternoon snack/to have dinner
avere fame/sete	to be hungry/thirsty (*literal: to have hunger/thirst*)
cucinare/preparare da mangiare/preparare i pasti	to cook/to prepare something to eat/to prepare meals
avere/seguire una dieta sana/equilibrata *o* bilanciata/povera di carboidrati	to have/to follow a healthy/balanced/low-carb diet
essere vegetariano(-a)/vegano(-a)	to be vegetarian/vegan
coltivare frutta e verdura nel proprio orto	to grow fruit and vegetables in your garden
Il mio piatto preferito sono gli spaghetti al pomodoro che mangio quando vado in Italia.	My favourite dish is spaghetti with tomato sauce that I eat when I go to Italy.
Trovo l'arrosto delizioso/saporito/disgustoso.	I find the roast delicious/tasty/disgusting.
Amo *o* Adoro il pollo/il pesce/la pasta/le uova/la verdura/la frutta.	I love chicken/fish/pasta/eggs/vegetables/fruit.
Detesto il riso/l'insalata/i fagioli.	I don't like rice/salad/beans.
Tendo a sgranocchiare qualcosa tra i pasti.	I tend to nibble between meals.
Salto spesso la colazione.	I often skip breakfast.
Ho ridotto il consumo di dolci perché sono troppo ricchi di zuccheri.	I'm eating fewer sweets because they're too high in sugar.
La colazione all'italiana è prevalentemente dolce e solitamente **è a base di** latte, caffè, biscotti, marmellata, yogurt e spremuta d'arancia.	Italian breakfast is mainly sweet and usually **consists of** milk, coffee, cookies, jam, yoghurt, and fresh orange juice.
Gi italiani quando fanno colazione al bar di solito bevono un caffè/un cappuccino con un cornetto.	Italians when they have breakfast in a café they usually have a coffee/a cappuccino with a croissant.
In Italia, **si mangia** spesso la pizza in pizzeria con gli amici il fine settimana.	In Italy, **we** often **eat** pizza in a pizzeria with friends at the weekend.
Bisognerebbe mangiare un po' di tutto con moderazione e consumare cinque porzioni di frutta e verdura al giorno.	You **should eat** a bit of everything in moderation and five portions of fruit and vegetables per day.
La dieta mediterranea è **tra le più sane al** mondo.	The Mediterranean diet is **one of the healthiest diets** in the world.

Identità

Provo sempre i cibi locali/i cibi della zona/della regione/del Paese **dove mi trovo**.	I always try the local food/the specialities of the area/region/country **where I am**.
Non ho ancora assaggiato la pasta carbonara in Italia, ma spero di provar**la** presto!	I haven't tasted carbonara pasta in Italy yet, but I hope to try **it** soon!
Questa ricetta, facile e veloce, richiede pochi ingredienti e soltanto alcuni utensili, come una pentola, un coltello da cucina e un mestolo.	This recipe, easy and quick, requires few ingredients and only a few utensils, such as a pot, a kitchen knife, and a ladle.
Ho una fame da lupi! (id)	I'm famished/ravenous. (*literal: I am hungry like a wolf.*)
Ha preparato un pranzo coi fiocchi. (id)	He/She has prepared a fantastic meal. (*literal: He/She has prepared a lunch with all the trimmings.*)

Fare la spesa / Shopping for food

il mercato/il mercato coperto	market/covered market
il supermercato/l'ipermercato/il discount alimentare/il negozio di generi alimentari	supermarket/hypermarket/discount store/grocery shop
la salumeria/la macelleria/la pescheria/la pasticceria	delicatessen/butcher's/fishmonger's/cake shop
il panificio/la panetteria/il forno/il fornaio	bakery *or* baker's
il fruttivendolo/il negozio di frutta e verdura	greengrocer's/fruit and veg shop
100 grammi *o* un etto di …/un chilo di …	100 grams of …/a kilo of …
un litro di …/una bottiglia di …/una lattina di …/un bicchiere di …	a litre of …/a bottle of …/a can of …/a glass of …
una scatola di …/una confezione di …/un pacco di …/un vasetto di …	a box of …/a packet of …/a packet of …/a jar of …
una fetta di …/un pezzo di …/una porzione di …	a slice of …/a piece of …/a portion of …
un cucchiaio di …/un cucchiaino di …	a tablespoon of …/a teaspoon of …
i sapori/le spezie/le erbe	flavours/spices/herbs
un gelato/un sorbetto **al** cioccolato/**allo** zabaione/**alla** fragola/**all'**arancia/**ai** frutti rossi/**agli** agrumi	chocolate/zabaglione/strawberry/orange/red berries/citrus ice cream/sorbet
una torta **alla** panna/una torta **di** mele	cream cake/apple pie
un panino *o* un tramezzino **al** prosciutto/**ai** funghi	ham/mushroom sandwich
Preferisco fare la spesa nei piccoli negozi di quartiere perché c'è un'atmosfera più personale.	I prefer doing shopping in small local shops because the atmosphere is more personal.

Mangiare fuori / Eating out

il ristorante/la trattoria *o* l'osteria/la pizzeria	restaurant/(informal) restaurant/pizza place
il caffè *o* il bar/la gelateria/l'enoteca/la birreria	café *or* bar/ice cream shop/wine bar/pub
la paninoteca/il fast-food	sandwich shop/fast-food place
il ristorante take-away *o* con servizio da asporto	takeaway restaurant
il ristorante self-service/la mensa/la caffetteria	self-service restaurant/canteen/cafeteria
Qualche volta **ci facciamo consegnare** la pizza a casa.	**We have** pizzas **delivered** now and again.
L'Italia **è conosciuta** per la sua cucina regionale.	Italy **is known** for its regional cuisine.
L'arte della buona cucina **è** ancora **viva** in Italia e il pasto tradizionale di primo, secondo, insalata e frutta resiste ancora.	The art of good cooking **is still alive** in Italy and the traditional meal of first course, second course, salad and fruit is still strong.

D Il benessere fisico e mentale

La salute fisica e mentale | Mental and physical health

essere in ottima/buona/cattiva salute	to be in excellent/good/bad health
fare bene/male/nuocere alla salute	to be good/bad/harmful to your health
fare/praticare sport/yoga/meditazione/esercizio fisico	to do/to practise sport/yoga/meditation/to exercise
andare **in** piscina/**in** palestra/**al** centro sportivo/**allo** stadio	to go **to the** swimming pool/**to the** gym/**to the** sports centre/**to the** stadium
mantenersi in forma/restare in forma	to keep fit/to stay in good shape
ingrassare/dimagrire	to put on or to gain weight/to lose weight
dormire bene/dormire a sufficienza/dormire almeno otto ore per notte/andare a letto presto	to sleep well/to get enough sleep/to sleep at least eight hours per night/to go to bed early
rilassarsi/riposarsi	to relax or to unwind/to rest
essere dipendenti dal fumo/dal tabacco/dall'alcol/dalle droghe (leggere e pesanti)	to be addicted to smoking/tobacco/alcohol/(hard and soft) drugs
soffrire di disturbi o disordini alimentari (es. anoressia e bulimia)	to suffer from eating disorders (e.g. anorexia and bulimia)
soffrire di ansia/depressione	to suffer from anxiety/depression
L'attività fisica migliora la concentrazione.	Physical activity improves concentration.
Mi sento giù di morale/solo(-a)/depresso(-a).	I feel down/lonely/depressed.
Ogni tanto faccio uno strappo alla regola (id) e mi concedo del cioccolato.	Sometimes I make an exception to the rule (*literal: I tear up the rule*) and allow myself to eat some chocolate.
Molte persone si rilassano **suonando** uno strumento, **cucinando** o **facendo** giardinaggio.	Many people relax **by playing** a musical instrument, **cooking**, or **doing** gardening.
Alcuni giovani affogano i loro problemi nell'alcol. (id)	Some young people try to forget their problems by drinking alcohol. (*literal: drown their problems in alcohol*)

I problemi di salute | Health problems

le medicine/le pastiglie/lo sciroppo (per la tosse)/un analgesico	medicines/tablets/(cough) syrup/painkiller
un cerotto/le garze/una pomata	plaster/bandage/ointment
essere ammalato(-a)/ammalarsi	to be ill/to become ill
tossire/starnutire	to cough/to sneeze
avere mal di testa/gola/stomaco/schiena/denti/un dolore a (+ *parte del corpo*)	to have a headache/a sore throat/stomach ache/backache/toothache/a pain in (+ *body part*)
avere il raffreddore/la febbre/l'influenza/un'infezione virale o batterica	to have a cold/a fever/the flu/a viral or bacterial infection
essere allergico(-a) al polline/alla polvere	to be allergic to pollen/to dust
essere intollerante al glutine/al lattosio	to be intolerant to gluten/to lactose
essere diabetico(-a)/celiaco(-a)/asmatico(-a)	to be diabetic/coeliac/asthmatic
prendere un colpo di sole o un'insolazione	to have sunburn
soffrire di una malattia rara/grave/genetica	to suffer from a rare/serious/genetic disease
avere il naso che cola/gli occhi che bruciano/le orecchie che fischiano/delle punture d'insetto o di zanzara	to have a runny nose/burning eyes/ringing ears/insect or mosquito bites
andare **in** farmacia/**dal** dottore/**all'**ospedale	to go **to the** pharmacy/**to the** doctor's/**to** hospital

vedere/consultare un medico/uno specialista	to see/to consult a doctor/a consultant
Non mi sento bene/Non sono in forma/Sto male.	I don't feel well/I'm not on form/I'm unwell.
Non riesco a dormire/Soffro di insonnia.	I can't sleep/I suffer from insomnia.
Mi fa male il braccio/**Mi fanno male** i denti.	My arm **is hurting**/My teeth **are hurting**.
Mi sono rotto(-a)/**tagliato(-a)** un dito.	**I've broken**/**cut** my finger.
Luisa **si è fatta male** a una spalla/alla caviglia/al collo/al gomito/al ginocchio.	Luisa **hurt** her shoulder/ankle/neck/elbow/knee.

Mantenersi in salute / Staying healthy

le vitamine/le proteine/le fibre/i sali minerali/gli antiossidanti	vitamins/proteins/fibre/mineral salts/antioxidants
gli alcolici/gli analcolici/le bevande a bassa gradazione alcolica	alcoholic/non-alcoholic/low-alcohol drinks
l'epidemia/la pandemia	epidemic/pandemic
il trattamento *o* la cura/un'operazione chirurgica	treatment/surgery *or* surgical procedure
un/una salutista	health enthusiast *or* fanatic
prendere *o* assumere integratori vitaminici	to take vitamin supplements
prescrivere antibiotici/una ricetta (medica)	to prescribe antibiotics/a prescription
essere in sovrappeso/sottopeso	to be overweight/underweight
drogarsi/ubriacarsi/sbronzarsi (fam)	to take drugs/to get drunk/to get drunk
essere in astinenza/disintossicarsi dalle droghe	to be in abstinence/to dry out from drugs
smettere di fumare/bere	to quit smoking/drinking
la lotta al tabagismo/alle droghe	the fight against tobacco addiction/against drugs
Ho deciso di ridurre/limitare/diminuire il consumo di cibi ipercalorici e di bere più acqua per eliminare le tossine e rimanere idratato(-a).	I've decided to eat less high-calorie food and to drink more water to eliminate toxins and stay hydrated.
In tutto l'Occidente c'è una crescente obesità.	Throughout the West obesity is increasing.
Limitare la carne rossa e gli insaccati può ridurre il rischio di cancro.	Limiting red meat and deli meats can reduce the risk of cancer.
Un consumo eccessivo di alcol, tabacco e di alimenti troppo calorici aumenta il rischio di diabete e di malattie cardiovascolari.	An excessive consumption of alcohol, tobacco and high-calorie foods increases the risk of diabetes and cardiovascular disease.
Dedicarsi a delle attività che piacciono rilascia endorfine e migliora il benessere psico-fisico.	Taking part in activities that you enjoy releases endorphins and improves your mental and physical well-being.
Dal 2003 in Italia è in vigore il divieto di fumo in tutti i locali pubblici chiusi e nei luoghi di lavoro.	Since 2003 in Italy there has been a smoking ban in all indoor public places and workplaces.
* **Sarebbe meglio** spostarsi a piedi o in bicicletta e fare le scale invece di prendere l'ascensore.	**It would be best** to walk or cycle and to use the stairs rather than the elevator *or* lift.
* Alcuni pazienti **ritengono che sia** più salutare curarsi con l'omeopatia, l'agopuntura o l'osteopatia invece che con la medicina tradizionale. Altri ancora ricorrono ai cosiddetti rimedi della nonna. (id)	Some patients **think that it is** healthier to treat their ailments with homeopathy, acupuncture, or osteopathy rather than with traditional medicine. Others turn to home remedies (*literal: grandmother's remedies*).

E Convinzioni, credenze e valori

I propri valori	Your own values
la fedeltà/la generosità/la lealtà/la moralità/l'onestà/la solidarietà	faithfulness/generosity/loyalty/morality/honesty/solidarity
la libertà (di parola, pensiero, espressione)	freedom (of speech, thought, expression)
la tolleranza/il rispetto (per *o* verso gli altri)/l'apertura mentale/l'altruismo/l'empatia	tolerance/respect (for others)/open-mindedness/altruism/empathy
l'uguaglianza/la parità (di genere)	(gender) equality/parity
le convinzioni politiche/religiose	political/religious convictions *or* beliefs
la fede (religiosa/politica)	(religious/political) faith *or* belief
il rifiuto verso i pregiudizi/le discriminazioni	refusal of prejudice/discrimination
esprimere un punto di vista/un'opinione/un sentimento su …	to express a point of view/an opinion/a feeling on …
credere profondamente in/a …	to deeply believe in …
essere assolutamente convinti che …	to be utterly convinced that …
essere *o* agire in buona/cattiva fede	to act in good faith/in bad faith
Quello che mi dà fastidio/non sopporto è che …	What annoys me/I cannot stand is …
È indubbio/È fuori questione che …	There is no doubt/It is out of the question that …
Quello/Ciò che mi sta maggiormente a cuore è il poter aiutare chi è meno fortunato di me.	What I care about *or* What is close to my heart is being able to help those less fortunate than me.
Quello/Ciò che trovo intollerabile/insopportabile è l'ipocrisia/la menzogna/l'arroganza/il giudicare gli altri senza conoscerli.	What I find unbearable/intolerable is hypocrisy/lying/arrogance/judging people without knowing them.
Sono contrario(-a) a tutte le idee preconcette e alle generalizzazioni.	I am against all preconceptions or generalisations.
Bisogna lottare contro tutte le forme di omofobia, sessismo, razzismo o xenofobia.	**We must fight** against all forms of homophobia, sexism, racism or xenophobia.
* Nella mia famiglia, la religione **è parte integrante** della nostra identità/occupa un posto importante nella nostra vita.	In my family, religion **is an integral part** of our identity/is an important part of our life.
* Personalmente mi considero ateo(-a), ma **capisco che** le persone **possano** avere bisogno di credere in una religione.	I consider myself an atheist, but **I understand that** people **may** need to believe in a religion.

F Sottoculture

Stili di vita	Lifestyles
l'origine etnica/l'orientamento sessuale	ethnic background/sexual orientation
il modo di vestire/i gusti musicali	clothing style/musical tastes
il conformismo/l'anticonformismo	conformism *or* conventionality/nonconformism *or* unconventionality
la vita comunitaria/in comunità	communal living
il sentimento di appartenenza a/il bisogno di appartenere a un gruppo	sense of belonging to/need to belong to a group
la pressione sociale/del gruppo	social/peer pressure
un/una senzatetto *o* un/una barbone(-a) (fam)	homeless person
confondersi tra la massa/seguire il gregge (id)	to blend in/to go with the crowd (*literal: to follow the herd*)
condividere gli stessi gusti/avere dei gusti in comune	to like the same things/to share the same tastes
conformarsi/opporsi/ribellarsi alla cultura di massa	to conform/to oppose/to rebel against mass culture
fare una scelta di vita alternativa	to choose an alternative lifestyle *or* to choose to live differently
infrangere le regole/rompere con la tradizione	to break the rules/to break with tradition
definire il proprio stile distintivo	to define your own unique style
distinguersi dalla massa/essere la pecora nera (id)	to stand out from the crowd/to be the black sheep
integrarsi/essere integrati nella società	to integrate/to be integrated in society
vivere ai margini della società/essere emarginati	to live on the fringes of society/to be marginalized
vivere per strada/non avere fissa dimora	to live on the street/to be homeless
vivere nella precarietà/faticare a sbarcare il lunario (id)	to live in inadequate and impoverished conditions/to struggle to make ends meet (*literal: to struggle to reach the end of the month financially*)

* **Mi sembra di poter dire che** i giovani **abbiano** sempre cercato di differenziarsi adottando atteggiamenti e modi di pensare non convenzionali.

   I think I can say that young people **have** always tried to differentiate themselves by adopting unconventional attitudes and ways of thinking.

* **Sono dell'opinione che** la povertà **sia** una piaga sociale che può fare cadere in un circolo vizioso di esclusione, umiliazione e perdita di fiducia/stima in se stessi.

   I am of the opinion that poverty **is** a social issue that can lead/drag someone into a vicious circle of exclusion, humiliation and loss of confidence/self-esteem.

Esperienze

A La routine quotidiana

Una giornata tipica	A typical day
alzarsi/svegliarsi	to wake up/to get up
lavarsi/fare la doccia *o* farsi la doccia/fare il bagno *o* farsi il bagno	to wash/to have a shower/to have a bath
vestirsi/spogliarsi/cambiarsi	to get dressed/to get undressed/to get changed
truccarsi/radersi *o* fare la barba	to put makeup on/to shave
pettinarsi/spazzolarsi i capelli	to comb/to brush your hair
lavarsi i denti/lavarsi le mani	to brush your teeth/to wash your hands
rilassarsi/riposarsi	to relax/to rest
andare a letto (presto/tardi)	to go to bed (early/late)
addormentarsi	to fall asleep
sognare	to dream
fare tardi/fare le ore piccole/stare alzati fino all'alba (id)	to stay up late/to stay awake until all hours (*literal: to do small hours*)/to stay up until dawn

La mattina, mi sveglio **alle** sette e mi alzo più o meno immediatamente.
In the morning, I wake up **at** seven o'clock and I get up more or less immediately.

Per prima cosa, vado in bagno per prepararmi.
First, I go to the bathroom to get ready.

Poi faccio colazione in cucina; di solito mangio i cereali con il latte.
Then I have breakfast in the kitchen; usually I have cereal and milk.

Dopo, esco di casa per andare a scuola.
Then I leave the house to go to school.

Prendo l'autobus e arrivo a scuola **verso le** otto.
I take the bus and I get to school **around** eight o'clock.

Le lezioni cominciano alle otto e mezzo(-a).
Lessons start at half past eight.

A mezzogiorno, pranzo in mensa o, qualche volta, esco per comprare qualcosa da mangiare.
At lunchtime, I have lunch in the canteen or sometimes I go out to buy something to eat.

Dopo le lezioni, vado in centro per fare volontariato per il mio progetto CAS fino alle quattro.
After lessons, I go into town to do volunteer work for my CAS project until four o'clock.

Quando torno a casa, faccio i compiti dalle cinque alle sette.
When I get home, I do my homework from five until seven.

Dopo aver fatto tutti i compiti, mi piace rilassarmi guardando la televisione, sul divano.
Once I've done all my homework, I like to relax in front of the television, on the sofa.

Infine, verso le undici e mezzo/-a, vado a letto. Mi piace molto leggere un buon libro prima di addormentarmi.
Finally, at about half past eleven, I go to bed. I love to read a good book before going to sleep.

Alla mattina **mi devo sbrigare** perché sono sempre in ritardo.
In the morning, **I have to hurry** because I'm always late.

Quando sono di fretta, i miei genitori mi accompagnano/portano a scuola in macchina.
When I am in a hurry, my parents drop me off at school by car.

In Italia, come in altri Paesi, il viaggio in autobus per andare a scuola **può essere** molto lungo, specialmente a causa del traffico.
In Italy, as in other countries, the bus journey to school **can be** very long, especially due to traffic.

Aiutare in casa — Helping at home

fare i lavori di casa/le faccende domestiche	to do household chores
fare le pulizie (di primavera)	to do the (spring) cleaning
fare la spesa	to do grocery shopping
preparare il pranzo/la cena	to make lunch/dinner
apparecchiare/sparecchiare la tavola	to set/to clear the table
lavare i piatti	to wash the dishes/to do the washing up
caricare/svuotare la lavastoviglie	to load/to empty the dishwasher
badare ai bambini	to look after the children
fare il bucato/fare la lavatrice	to do the laundry/to use the washing machine
stendere i panni	to hang out the washing
stirare	to do the ironing
spolverare	to dust
mettere in ordine/riordinare/sistemare	to tidy up
fare il letto/disfare il letto	to make the bed/to strip the bed
passare l'aspirapolvere	to vacuum/to hoover
spazzare	to sweep
lavare il pavimento/lavare i vetri	to mop the floor/to clean the windows
pulire il bagno	to clean the bathroom
fare giardinaggio/lavorare in giardino	to do the gardening/to work in the garden
tagliare l'erba	to mow the lawn
buttare la spazzatura	to take out the bins
portare fuori il cane	to walk the dog/to take the dog out
lavare la macchina	to wash the car

Ogni domenica, annaffio le piante, **così** i miei genitori mi danno una paghetta.
Every Sunday, I water the plants, **so** my parents give me pocket money.

Una volta alla settimana, pulisco la mia camera, **altrimenti** i miei genitori si arrabbiano.
Once a week, I clean my bedroom, **otherwise** my parents get angry.

Ogni giorno, do da mangiare al nostro cane.
Every day, I feed our dog.

Quando ho tempo, aiuto i miei genitori a pulire la casa.
When I have time, I help my parents to clean the house.

Non metto **mai** in ordine i vestiti nell'armadio.
I **never** organize my clothes in the wardrobe.

Nella mia famiglia, ci dividiamo i compiti equamente, ma io detesto cucinare.
In my family, we share tasks among ourselves equally, but I hate cooking.

Mio fratello non aiuta molto in casa perché è molto pigro.
My brother doesn't help much around the house because he is lazy.

Le statistiche mostrano che in Italia le donne fanno **più** lavori domestici **degli** uomini.
Figures show that in Italy women do **more** housework **than** men.

Mia sorella dà una mano in casa nel fine settimana. (id)
My sister gives/lends a hand around the house at the weekend.

B Il tempo libero

I passatempi	Hobbies
la pittura/la scultura/il disegno/la ceramica	painting/sculpture/drawing/pottery
il fai-da-te/il giardinaggio	do-it-yourself (DIY)/gardening
ascoltare la musica/la radio	to listen to music/the radio
suonare uno strumento (es. il pianoforte, la chitarra, il violino, la batteria)	to play an instrument (e.g. the piano, the guitar, the violin, the drums)
cantare in un coro/suonare in un'orchestra	to sing in a choir/to play in an orchestra
leggere un libro/un giornale/una rivista/i fumetti	to read a book/a newspaper/a magazine/comics
guardare la televisione/un film/delle serie TV/dei video su YouTube	to watch television/a film/TV series/YouTube videos
fare bricolage/fare dei lavori manuali/fare fotografie	to do DIY/to do arts and crafts/to take photos
disegnare/dipingere	to draw/to paint
andare in discoteca/a delle feste	to go to a nightclub/to parties
ballare/danzare	to dance
andare al cinema/a teatro/al museo/a una galleria d'arte/a una mostra (d'arte)/al centro commerciale	to go to the cinema/to the theatre/to the museum/to an art gallery/to an (art) exhibition/to the shopping centre
andare a un concerto (di musica classica/rock)/un festival	to go to a (classical/rock) concert/a festival
andare allo stadio/al centro sportivo/in palestra/in piscina	to go to the stadium/to the sports centre/to the gym/to the swimming pool
andare in bicicletta/a cavallo	to go cycling/horse riding
uscire/passare tempo con gli amici	to go out/to spend time with friends
fare shopping/compere/acquisti (online)	to do (online) shopping
guardare le vetrine	to do window-shopping
navigare su internet/andare sulle reti sociali	to surf the internet/to go on social networks
seguire degli influencer/YouTuber	to follow influencers/YouTubers
scrivere un blog/un diario	to write a blog/a diary
cucinare	to cook
collezionare francobolli/monete	to collect stamps/coins
Nel mio tempo libero, amo giocare con i videogiochi.	During my free time, I like playing videogames.
Giocare a carte mi annoia.	Playing cards bores me.
La mia passione sono i giochi da tavolo/Sono appassionato(-a) di giochi da tavolo/Ho una passione per i giochi da tavolo.	Board games are my passion/I am passionate about board games/I have a passion for board games.
Quando fa bello, faccio delle lunghe passeggiate nella natura **per rilassarmi**.	When the weather is good, I take long walks in nature **to relax**.
Quando ho del tempo libero, chatto con i miei amici online.	When I have some free time, I chat with my friends online.
Quando piove, preferisco restare a casa e non fare niente!	When it rains, I prefer to stay at home and do nothing!
Nel fine settimana, mi piace fare due passi in centro. (id)	At the weekend, I like to go for a walk in the town/city centre (*literal: to take two steps in the centre*).
Quello che mi interessa di più/**maggiormente** è fare del volontariato per aiutare gli altri.	**What I am most**/**extremely interested in** is volunteering to help others.

Gli svaghi / Leisure activities

coltivare le proprie passioni/dedicarsi alle proprie passioni	to cultivate your interests/to dedicate yourself to your passions
iscriversi a un corso di lingua/recitazione/canto/ballo	to enrol on a language/acting/singing/dance course
prendere lezioni di pianoforte/chitarra/violino	to take piano/guitar/violin lessons
lavorare ai ferri *o* a maglia/cucire/ricamare	to knit/to sew/to embroider
assistere a uno spettacolo/una rappresentazione teatrale	to see a show/a play (at the theatre)
divertirsi un mondo (id)	to have a lot of fun (*literal: to have all the fun in the world*)
ritagliarsi del tempo per se stessi (id)	to find/to have a bit of time for yourself (*literal: to cut out some time for yourself*)
A mio avviso, è importante trovare un equilibrio tra vita privata e lavoro.	In my opinion, it is important to have a good work-life balance.
Faccio parte di una compagnia di teatro amatoriale e ogni anno presentiamo/mettiamo in scena uno spettacolo.	I am part of an amateur theatre group and we present/we put on a show every year.
* **Con l'avvento della** tecnologia digitale, si frequentano meno le biblioteche e si prendono in prestito meno libri.	**Since the advent of** digital technology, fewer people use libraries and people borrow fewer books.
* Le attività artistiche e manuali sono **di moda**/**in voga tra** i giovani italiani.	Arts and crafts **are fashionable**/**trendy among** young Italians.
* Secondo alcuni sondaggi, la passione per le reti sociali in Italia sembra essere **più** diffusa **tra** le ragazze **che** tra i ragazzi.	According to some surveys, in Italy the passion for social media seems to be **more** popular **among** girls **than** boys.

Le attività sportive / Sports

lo sport individuale/di squadra/estremo	individual/team/extreme sport
una disciplina sportiva	sport (discipline)
una partita/un evento sportivo/le olimpiadi/le paralimpiadi/i giochi olimpici/i giochi paralimpici	match/sports event/the Olympics/the Paralympics/the Olympic games/the Paralympic games
una gara sportiva/automobilistica	sport/motor race
i valori dello sport	sport values
fare parte di una squadra/un club/un'associazione/un gruppo sportivo(-a)	to belong to a sports team/club/association/group
fare *o* giocare una partita di calcio/pallavolo	to have *or* to play a football/volleyball match *or* game
partecipare a un torneo di rugby/un campionato di atletica	to take part in a rugby tournament/a track and field championship
fare sport a livello agonistico/amatoriale	to do competitive/amateur sport
fare nuoto/danza/equitazione (*sport individuale, senza una palla*)	**to do** swimming/dance/horse-riding (*individual sports, without a ball*)
giocare a tennis/**a** pallanuoto/**a** pallacanestro/**a** pallamano (*sport con una palla*)	**to play** tennis/water polo/basketball/handball (*sports with a ball*)
fare il tifo *o* tifare per una squadra	to support a team
Faccio allenamento/Mi alleno tre volte alla settimana.	I have training/I train three times a week.
Mi piace guardare lo sport, ma non praticarlo.	I like watching sport, but not taking part in it.
* **Per quanto mi riguarda,** lo sport è soprattutto un'occasione per stare con gli amici.	**As far as I'm concerned,** sport is above all an opportunity to spend time with friends.

C Le vacanze ed il turismo

Viva le vacanze! / Hurray for the holidays!

le vacanze estive/invernali/scolastiche	summer/winter/school holidays
le ferie	holidays/time off
andare in vacanza al mare/al lago/in montagna/in campagna/in una città d'arte	to go on holiday to the sea/the lake/the mountains/the countryside/a city of artistic interest
stare *o* alloggiare in un albergo *o* un hotel (di lusso/a tre stelle)/un bed and breakfast/una pensione/un ostello della gioventù/un agriturismo	to stay in a (luxury/three-star) hotel/a bed and breakfast/a cheap hotel/a youth hostel/a farm-stay
stare *o* alloggiare in un appartamento/un villaggio turistico/uno chalet	to stay in an apartment/a tourist resort/a chalet
stare *o* alloggiare in un campeggio/un camper/una roulotte/una tenda	to stay in a campsite/a campervan *or* motorhome/a caravan/a tent
affittare una casa/noleggiare una macchina	to rent a house/to hire a car
viaggiare/passare *o* trascorrere le vacanze all'estero	to travel/to spend the holidays abroad
visitare una capitale come Roma, Londra, Parigi/i monumenti conosciuti/famosi	to visit a capital city like Rome, London, Paris/well-known monuments
abbronzarsi/prendere il sole	to tan/to sunbathe
stare sotto l'ombrellone	to stay under the beach umbrella
nuotare/fare il bagno	to swim/to go swimming
passeggiare sul lungomare	to walk along the seafront
giocare a pallavolo sulla spiaggia	to play beach volleyball
fare un giro in barca	to go for a boat ride
fare una camminata/un'escursione a piedi	to go for a walk/a hike
fare un picnic	to have a picnic
fare una visita guidata	to do a guided tour
vedere un posto nuovo	to see a new place
comprare souvenir	to buy souvenirs
sciare/fare snowboard	to ski/to go snowboarding
andare in slitta/fare pattinaggio sul ghiaccio	to go sledging/to go ice skating
fare una settimana bianca (id)	to go on a ski holiday (*literal: to do a white week*)
fare trekking/camminare in montagna	to go trekking/to go hiking in the mountains
assaggiare/provare i piatti tipici/le specialità della regione/del Paese	to taste/to try the typical dishes/the specialities of the region/of the country
fare una gita/un viaggio organizzato	to go on a day trip/an organized trip
Quando sono in vacanza, mi piace passare una giornata in un parco divertimenti con i miei amici.	When I'm on holiday, I like to spend a day in an amusement park *or* theme park with my friends.
Per me, viaggiare è essenziale per conoscere nuove culture e nuovi stili di vita.	For me, travelling is essential (in order) to discover other cultures and ways of life.
Secondo me, le vacanze sono un modo per ricaricare le batterie. (id)	For me, holidays are a way to relax (*literal: to recharge the batteries*).

Da bambino(-a), **passavo** le vacanze dai nonni.

When I was little, **I used to spend** the summer at my grandparents'.

L'anno scorso, **ho passato** un mese in Italia per una vacanza-studio.

Last year, **I spent** a month in Italy for a study-holiday.

L'anno prossimo, **passerò** una settimana a Firenze per migliorare il mio italiano e **vivrò** con una famiglia ospitante.

Next year, **I will spend** a week in Florence to improve my Italian and **I will live** with a host family.

Se potessi (scegliere), farei il giro del mondo.

If I had the choice, I would travel the world.

Finalmente in vacanza!

On holiday at last!

la meta/la destinazione turistica	tourist destination
i vacanzieri	holidaymakers
i compagni di viaggio	travel mates/travel buddies
gli amanti delle piste innevate	ski-slope lovers
l'itinerario/le tappe del viaggio	itinerary/legs/stopovers on a trip
alta/bassa stagione	high/low season
una vacanza con formula tutto compreso	all-inclusive/package holiday
pensione completa/mezza pensione/solo pernottamento	full board/half board/room only
fare una vacanza lavoro/un viaggio solidale	to do community work/volunteering during a holiday
fare una vacanza alle terme/un soggiorno termale	to go on a spa holiday
fare una vacanza enogastronomica	to go on food and wine tasting holiday
fare una crociera	to go on a cruise
fare autostop	to hitchhike
decidere una destinazione per le vacanze	to decide where to go on holiday
concedersi una vacanza all'insegna del riposo	to allow yourself a restful holiday
prendere un volo low-cost/diretto (con scalo)	to take a low-cost/direct flight (with a stopover)
perdere l'aereo/il treno/la coincidenza	to miss the plane/the train/the connection
comprare un biglietto di prima/seconda classe	to buy a first/standard class ticket
prenotare in anticipo/all'ultimo minuto	to book in advance/at the last minute
fare/disfare i bagagli/le valigie	to pack/to unpack your luggage/your suitcases
rinnovare il passaporto	to renew your passport

Alcune persone non sopportano il cambio di fuso orario o soffrono di mal d'auto o di mal di mare.

Some people suffer from jet lag or get motion sickness or seasick.

Le vacanze fanno bene al corpo e alla mente/allo spirito perché permettono di staccare la spina. *(id)*

Holidays are good for body and mind because they allow you to recharge your batteries (*literal: to unplug*).

* A mio avviso, il vero viaggiatore è **colui che** vuole/desidera allargare i propri orizzonti e conoscere la realtà sociale, culturale e storica dei Paesi che visita.

In my opinion, a true traveller is **someone who** wants/wishes to broaden their horizons and discover the social, cultural, and historical realities of the countries they visit.

I vantaggi del turismo | Advantages of tourism

le qualità di un buon turista: curioso, socievole, rispettoso, discreto, di mentalità aperta	qualities of a good tourist: curious, sociable, respectful, discreet, open-minded
l'ecoturismo/il turismo sostenibile/il turismo etico	ecotourism/responsible tourism/ethical tourism
un sito protetto	protected site
una fonte di reddito per le comunità locali	source of income for local communities
sviluppare l'artigianato locale	to develop local crafts/the local craft economy
Ogni anno, l'Italia attira milioni di turisti ed è il Paese con il maggior numero di siti patrimonio dell'Unesco al mondo.	Every year, Italy attracts millions of tourists, and it is the country with the highest number of UNESCO heritage sites in the world.
Il turismo attrae capitali stranieri che apportano benefici all'economia locale.	Tourism brings in foreign capital that benefits the entire local economy.
Il turismo può contribuire in modo significativo alla riduzione della povertà di un Paese.	Tourism can make a significant contribution to reducing poverty in a country.
Grazie al turismo, una regione o un Paese può avere le risorse finanziarie per modernizzare le sue infrastrutture, come strade, aeroporti, ospedali, scuole.	Thanks to tourism, a region or country can have the funds to modernize its infrastructure, such as roads, airports, hospitals, schools.

Gli svantaggi del turismo | Disadvantages of tourism

le caratteristiche del cattivo turista: irrispettoso, intollerante, maleducato, rumoroso, di mentalità chiusa/ristretta	faults of the bad tourist: disrespectful, intolerant, rude, loud/noisy, narrow-minded
una trappola per turisti	tourist trap
il turismo di massa	mass tourism
l'impatto ambientale/sociale del turismo	environmental/social impact of tourism
la degradazione dei siti	damage to sites
l'aumento del costo della vita per i residenti nelle zone turistiche	increase in the cost of living for local people in tourist areas
Affittare o acquistare un immobile diventa impossibile per i residenti.	Renting or buying a house is becoming unaffordable for the local population.
Alcuni turisti hanno un comportamento inaccettabile/deplorevole; infatti, non rispettano la cultura del Paese che visitano.	Some tourists behave in a(n) unacceptable/deplorable way; indeed, they do not respect the culture of the country they are visiting.
Sono assolutamente favorevole all'introduzione di una tassa/un biglietto d'ingresso ad alcune città nei giorni di maggior afflusso di turisti.	I am absolutely in favour of introducing an entry fee/ticket to some cities on peak days for tourism.
* Alcune destinazioni turistiche come Venezia sono **sull'orlo della** paralisi a causa dell'afflusso costante di turisti.	Some tourist destinations like Venice are **on the verge of** paralysis due to the seasonal influx of tourists.
* **Nonostante** il turismo **apporti** dei vantaggi all'economia locale, si deve porre un limite al numero di visitatori ad alcuni siti turistici per evitarne il sovraffollamento.	**Although** tourism **brings** advantages to the local economy, we need to limit the number of tourists who can access certain sites to avoid them becoming overcrowded.

D Le feste e rassegne

Le feste ufficiali in Italia	Official holidays in Italy
una festa nazionale/religiosa	a national holiday/a religious holiday
un giorno festivo/feriale	public holiday (*non-working day*)/working day *or* weekday
I giorni festivi in Italia sono: …	The public holidays in Italy are: …
Capodanno (1 gennaio)	New Year's Day (1st of January)
Epifania/Befana (6 gennaio)	Epiphany (6th of January)
Pasqua/Pasquetta (marzo/aprile)	Easter/Easter Monday (March/April)
Festa della Liberazione (25 aprile)	Liberation Day (25th of April)
Festa dei Lavoratori (1 maggio)	Labour Day (1st of May)
Festa della Repubblica (2 giugno)	Republic Day (2nd of June)
Ferragosto *o* Assunzione di Maria (15 agosto)	Assumption Day (15th of August)
Tutti i Santi *o* Ognissanti (1 novembre)	All Souls' Day (1st of November)
Immacolata Concezione (8 dicembre)	the feast of the Immaculate Conception of Mary (8th of December)
Natale (25 dicembre)	Christmas Day (25th of December)
Santo Stefano (26 dicembre)	Boxing Day (26th of December)
Festa del santo patrono: ogni città in Italia ha un santo protettore (es. Sant'Ambrogio a Milano, San Gennaro a Napoli).	patron saint's day: every town in Italy has a patron saint (e.g. Saint Ambrose in Milan, Saint Januarius in Naples).
la vigilia di Natale	Christmas Eve (24th of December)
i mercatini di Natale	Christmas markets
l'ultimo dell'anno/il cenone di San Silvestro	New Year's Eve/New Year's Eve dinner
i fuochi d'artificio	fireworks
la bandiera/l'inno nazionale	national flag/anthem
una parata (militare) *o* una sfilata/una manifestazione/un corteo/una processione	(military) parade/demonstration/procession/religious procession
l'usanza/la tradizione	custom/tradition
usi e costumi	customs and traditions
il digiuno	fasting
festeggiare/commemorare	to celebrate/to commemorate
Paese che vai, usanza che trovi. (id)	When in Rome, do as the Romans do. (*or* Other places, other customs.) (*literal: Whichever country you go to, you find its own customs.*)
In Italia è consuetudine fare il ponte quando il giorno festivo cade vicino al fine settimana, cioè non si lavora tra il giorno festivo e il weekend.	In Italy, it is common to take a long weekend (*literal: to build a bridge*) when a public holiday is close to the weekend, i.e. people do not work between the holiday and the weekend.
In Italia, per San Valentino (14 febbraio), gli innamorati si scambiano dei regali, fiori o cioccolatini.	In Italy, on Valentine's Day (the 14th of February), lovers exchange presents, flowers or chocolates.
In tutta Italia si festeggia il carnevale con maschere, travestimenti e sfilate di carri allegorici.	All over Italy, Carnival is celebrated with masks, costumes and parades on decorated floats.
In Italia per la Festa della donna (8 marzo), si usa regalare alle donne un ramoscello di mimosa.	In Italy, on International Women's Day (the 8th of March), people give women a sprig of mimosa flowers.

Il 25 aprile si celebra in Italia l'anniversario della Liberazione dall'occupazione nazifascista, avvenuta alla fine della Seconda guerra mondiale.

On the 25th of April, Italy celebrates the anniversary of the Liberation from Nazi-Fascist occupation, which took place at the end of the Second World War.

Le feste in famiglia

Family celebrations

festeggiare un compleanno/un anniversario/la festa della mamma/la festa del papà	to celebrate a birthday/an anniversary/Mother's Day/Father's Day
organizzare una riunione di famiglia	to organize a family reunion
fare un regalo (di compleanno/di Natale)	to give a (birthday/Christmas) present *or* gift
ricevere/scambiarsi dei regali	to receive/to exchange gifts
mandare/spedire un biglietto di auguri/dei fiori	to send a greetings card/flowers
cantare un canto tradizionale/un canto di Natale	to sing a traditional song/a Christmas carol
andare in chiesa/alla moschea/alla sinagoga/al tempio	to go to church/to the mosque/to the synagogue/to the temple
fare *o* addobbare l'albero di Natale/fare il presepe	to decorate the Christmas tree/to make a nativity scene
invitare la famiglia/gli amici	to invite family/friends
mettere le candeline sulla torta/soffiare le candeline	to put candles on a cake/to blow out the candles
augurare buon compleanno/buon anno/fare gli auguri	to wish (someone) Happy Birthday/Happy New Year/to send good wishes
Buon Natale! Buone Feste!	Merry Christmas! Happy Festive Season!
Buon Anno! Felice Anno Nuovo!	Happy New Year!
Buon compleanno! Tanti auguri!	Happy Birthday!
Congratulazioni! Felicitazioni!	Congratulations!

Natale è una festa magica per i bambini che aspettano l'arrivo di Babbo Natale.

Christmas is a magical occasion for children who wait for Santa *or* Father Christmas.

In Italia, è tradizione mangiare il panettone, il pandoro e il torrone durante le festività natalizie.

In Italy, it is traditional to eat panettone, pandoro and torrone for Christmas.

Natale si passa di solito in famiglia. Si aprono i regali, si mangia insieme e si fanno giochi tradizionali come la tombola.

At Christmas, people usually spend the day with their family. They open presents, eat together, and play traditional games such as tombola.

Secondo la tradizione, la notte tra il 5 e il 6 gennaio, la Befana riempie le calze appese ai camini con dolci e regali per i bambini e aggiunge qualche pezzo di carbone se i bambini sono stati cattivi.

According to tradition, the night between the 5th and the 6th of January, the Befana fills the stockings over the fireplaces with sweets and presents for the children and adds some pieces of coal if the children have been naughty.

A Natale con i tuoi, Pasqua con chi vuoi. (id)

Christmas with your family and Easter with whoever you want.

A Pasqua si mangia la colomba e ai bambini si regalano uova di cioccolato.

At Easter, people eat 'colomba' (*literal: dove*), a traditional Easter cake in the shape of a dove, and children are given chocolate eggs.

A Pasquetta gli italiani fanno generalmente una gita fuori porta con pranzo al sacco.

On Easter Monday, Italians usually go on a day trip with a packed lunch.

Celebrazioni e tradizioni / Celebrations and traditions

una cerimonia religiosa/laica	religious/secular ceremony
le ricorrenze	yearly festivities
la sagra	festival/fair
il folclore/folcloristico	folklore/folkloristic
gli addobbi natalizi/le luci di Natale/le palline dell'albero di Natale	Christmas decorations/Christmas lights/Christmas tree baubles
il costume di carnevale	Carnival costume
frittelle e chiacchiere	Italian traditional fried Carnival pastries (*literal: fritters and chatter*)
i coriandoli e le stelle filanti	confetti and streamers
vestirsi in maschera	to wear fancy dress
trasmettere dei valori/delle tradizioni	to pass on values/traditions
Penso che le feste **siano** un'occasione importante per passare del tempo insieme agli amici e agli affetti più cari.	**I think that** celebrations **are** an important opportunity to spend time with friends and loved ones.
Ritengo che le festività nazionali **riflettano** la cultura e le tradizioni di un Paese.	**I think that** national celebrations **reflect** the culture and traditions of the country.
Sono dell'opinione che alcune feste, come Halloween, **siano** puramente commerciali.	**I think that** some celebrations, like Halloween, **are** purely commercial.
* In Italia **si celebrano** generalmente le tappe importanti della vita come nascite, fidanzamenti, matrimoni, funerali con la propria famiglia.	In Italy, **people** generally **celebrate** the important stages of life such as baptisms, engagements, weddings, funerals with their family.

E Storie di vita

La propria storia	Our own history
la nascita/l'infanzia/l'adolescenza/la giovinezza	birth/childhood/teenage years or adolescence/youth
l'età adulta/l'età matura/la vecchiaia/la terza età/la morte	adulthood/middle age/old age/third age/death
un neonato/un bambino/un ragazzino	a newborn/a baby/a child (m)
una neonata/una bambina/una ragazzina	a newborn/a baby/a child (f)
un ragazzo/un adolescente/un (giovane) adulto/un anziano	a boy/a teenager or adolescent/a (young) adult/an elderly person (m)
una ragazza/un'adolescente/una (giovane) adulta/un'anziana	a girl/a teenager or adolescent/a (young) adult/an elderly person (f)
le proprie origini/radici	your own origins/roots
il ricordo più bello/brutto	the best/worst memory
nascere/invecchiare/morire	to be born/to grow old/to die
essere incinta/rimanere incinta/aspettare un bambino	to be pregnant/to get pregnant/to be expecting (a child)
partorire/mettere al mondo un bambino	to give birth/to bring a child into the world
mettere su famiglia	to start a family
andare a scuola/all'università	to go to school/to university or college (US)
fare i primi passi nel mondo del lavoro	to take your first steps in the world of work
seguire un percorso (atipico)	to follow an (atypical) path
scrivere/tenere un diario	to write/to keep a diary
ricordare qualcosa/ricordarsi di qualcosa	to remember or to recall something
avere/provare nostalgia per qualcosa	to yearn for or to miss something
avere/provare rimpianto per qualcosa/rimpiangere qualcosa	to regret something
piangere sul latte versato (id)	to cry over spilt milk
Per molte persone i ricordi più belli sono quelli legati all'infanzia.	For many people their childhood memories are the best memories.
* **Penso che sia** importante ricordare i momenti felici perché ci fanno stare bene/ci danno forza nei momenti tristi.	**I think it is** important to remember happy moments because they make us feel good/they give us strength in difficult times.

F I riti di passaggio

Le tappe fondamentali della vita	Milestones in life
il rito/il rituale (religioso/di iniziazione)	(religious/initiation) rite/ritual
la cerimonia	ceremony
i sacramenti religiosi come il battesimo/la prima comunione/la cresima	religious sacraments like baptism/first (holy) communion/confirmation
il passaggio all'età adulta	the transition to adult life
il matrimonio/le nozze	wedding/marriage
l'inizio della scuola elementare/primaria	starting primary school
andare al liceo/alla scuola superiore	going to secondary school
superare l'esame di maturità/diplomarsi/ottenere il diploma di Baccalaureato internazionale	to pass the secondary-state exam (*literal: maturity exam*)/to obtain a diploma/to obtain the IB diploma
compiere diciotto anni	to turn eighteen
prendere la patente (di guida)	to get your driving licence
avere il diritto di voto	to be able to vote
laurearsi	to get a degree
andare a vivere da soli	to go and live on your own
comprare una casa	to buy a house
andare in pensione	to retire
seguire una tradizione/rompere con la tradizione	to follow a tradition/to break with tradition
Si dice spesso che nella vita non bisogna bruciare le tappe. (id)	In Italy, people often say that in life, you shouldn't rush important stages. (*literal: don't burn milestones*)
* I riti di passaggio **si celebrano** in modi diversi a seconda del Paese dove si vive e alla cultura di appartenenza.	**Everyone celebrates** their rites of passage into adolescence or adulthood according to where they live and the culture in which they grow up.
* Molti **ritengono che** nella società moderna, i riti di passaggio **abbiano** perso il loro valore.	Many people **think that** in our modern society, rites of passage **have lost** their importance.
* I tatuaggi e i piercing, che **si possono considerare** come dei riti di passaggio per entrare in un gruppo, sono molto di moda tra i giovani ma hanno perso il loro significato di rito di iniziazione.	Tattooing and piercing, **which can be seen** as rites of passage to a group, are trendy among young people, but they have lost their original meaning of initiation rites.

G Migrazioni

Le cause dell'immigrazione/emigrazione	Causes of immigration/emigration
un/una migrante	migrant (*in the process of migrating*)
un emigrato/un'emigrata	emigrant (*leaving their country*)
un immigrato/un'immigrata	immigrant (*settled in a new country*)
un/una rifugiato(-a) politico(-a)	political refugee
un/una profugo(-a)	refugee
un/una richiedente asilo	asylum seeker
un/una clandestino(-a)	illegal immigrant
uno/una straniero(-a)	foreigner
un/un' apolide	stateless person
un/un' espatriato(-a)	expatriate *or* expat
l'immigrazione di massa	mass immigration
il flusso migratorio	migration flow
il Paese d'origine/d'adozione	country of origin/adoption
il Paese/la terra natale/la (madre) patria	homeland
la segregazione (razziale)	(racial) segregation
il permesso di soggiorno	residence permit
il ricongiungimento familiare	family reunification
lasciare il proprio Paese per ragioni politiche/economiche/personali/familiari	to leave your country for political/economic/personal/family reasons
scappare da una zona di guerra/di conflitto	to flee a war/conflict zone
fuggire le persecuzioni/la miseria	to flee from persecution/from complete poverty
Contrariamente ai rifugiati, la maggior parte degli espatriati si trasferisce all'estero per scelta.	Unlike refugees, most expatriates make the choice to move abroad.
Molti migranti lasciano il loro Paese e partono alla ricerca di un lavoro **al fine di** assicurare un futuro migliore alle loro famiglie.	Many migrants leave their countries and seek work **in order to** ensure a better future life for their families.
In Italia esiste l'emigrazione esterna verso altri Paesi e l'emigrazione interna principalmente dalle regioni del Sud a quelle del Nord per motivi soprattutto economici e lavorativi.	In Italy, there is emigration to other countries and internal migration mainly from the south to the north of the country primarily for financial and work reasons.
L'Italia da Paese di emigranti è diventata oggi terra di immigrazione.	From a land of emigrants, Italy today has become a country of immigration.
* Dalla fine dell'Ottocento, dopo l'unificazione dell'Italia nel 1861, molti italiani sono andati a **cercare fortuna** all'estero.	From the end of the 19th century, after the unification of Italy in 1861, many Italians went **to seek their fortune** abroad.
* La situazione italiana vede **da un lato** un flusso migratorio verso l'Italia, ma **dall'altro** si assiste alla cosiddetta fuga dei cervelli, in quanto molti giovani italiani altamente qualificati decidono di fare le valigie (id) e cercare migliori opportunità all'estero.	In Italy, **on the one hand**, there is a migration flow into the country, but **on the other hand** there is the so-called 'brain drain', because many young highly qualified Italians decide to leave (*literal: to pack their bags*) and seek better opportunities abroad.

I vantaggi dell'immigrazione / Benefits of immigration

la società multiculturale/multietnica o plurietnica/cosmopolita	multicultural/multi-ethnic/cosmopolitan society
un arricchimento personale, sociale e culturale	personal, social and cultural enrichment
la libertà di circolazione	freedom of movement
una popolazione più giovane e attiva	younger and more active population
una società più dinamica	more dynamic society
scoprire altre maniere di pensare e vivere	to discover other ways of thinking and living
sradicare la paura di ciò che non si conosce	to eradicate fears of the unknown
mettere fine ai pregiudizi e agli stereotipi	to put an end to prejudices and stereotypes
ricorrere all'immigrazione per risolvere il problema dell'invecchiamento della popolazione	to use immigration to solve the problems of an ageing population
rispettare i valori, le tradizioni, i costumi, la lingua di ciascun gruppo etnico	to respect the values, traditions, customs, language of each ethnic group
Gli immigrati contribuiscono all'economia lavorando, consumando e pagando le tasse.	Immigrants contribute to the economy by working, consuming and paying taxes.
Gli immigrati fanno spesso dei lavori che gli abitanti di un Paese non vogliono fare.	Immigrants often take on jobs that the inhabitants of the host country refuse to do.
Una società culturalmente diversa incoraggia la tolleranza, il rispetto verso gli altri e l'uguaglianza.	A culturally diverse society promotes tolerance, respect for others and equality.

* Una coabitazione riuscita e un abbattimento delle barriere sociali possono evitare l'estremismo e l'integralismo.

  Successful cohabitation and breaking down social barriers can avoid extremism and fundamentalism.

* **Penso che** una società in cui le minoranze **possano** conservare la loro identità culturale **sia** più armoniosa ed equilibrata.

  I think that a society in which minorities **can** retain their cultural identity **is** more harmonious and balanced.

* **Sono assolutamente convinto(-a)** che i vantaggi di una società multiculturale siano maggiori degli inconvenienti.

  I am absolutely convinced that the advantages of a multicultural society far outweigh the disadvantages.

I problemi dell'immigrazione / Problems of immigration

il traffico di persone/di esseri umani	people/human trafficking
l'immigrazione illegale/clandestina	illegal immigration
gli immigrati irregolari	illegal immigrants
i centri di detenzione	detention camps
l'espulsione/la deportazione/il rimpatrio	expulsion/deportation/repatriation
la regolarizzazione dei migranti irregolari	regularization of illegal immigrants
il razzismo/l'odio razziale/la xenofobia	racism/racial hatred/xenophobia
il rifiuto/l'esclusione/la marginalizzazione	rejection/exclusion/marginalization
pagare delle somme esorbitanti agli scafisti	to pay extortionate sums of money to smugglers
attraversare il mare su imbarcazioni di fortuna	to cross the sea in makeshift boats
dover ricominciare tutto da capo/da zero	to have to restart everything from scratch

dover far fronte ai pregiudizi	to have to deal with prejudices
dover vivere in condizioni difficili/di clandestinità	to have to live in difficult conditions/illegally
lavorare in nero	to work without being declared *or* to moonlight
cadere nella rete/nelle mani della criminalità	to fall into the net of criminals/into the trap of crime
proteggere l'identità nazionale	to protect one's national identity
aprire/chiudere le frontiere	to open/to close borders
avere difficoltà ad integrarsi e a imparare la lingua	to find it difficult to integrate and learn the language
Gli immigrati, anche quelli di seconda o terza generazione, spesso subiscono discriminazioni razziali.	Immigrants, even those of second or third generation, often face racial discrimination.
Spesso si sente dire che gli immigrati rubano il lavoro agli italiani.	You often hear that immigrants steal jobs from the Italians.
Secondo alcuni, gli immigrati rappresentano una minaccia alla pace sociale, ai valori, alla cultura e alle tradizioni locali.	According to some people, immigrants pose a threat to social peace, values, and local culture and traditions.
* Alcuni affermano che gli immigrati non vogliono integrarsi e accettare le regole del Paese che li ospita, mentre altri ritengono che **andrebbero aiutati** a casa loro.	Some people argue that immigrants refuse to integrate and accept the rules of the host country, while others believe they **should be assisted** in their home country.
* Purtroppo in Italia molte famiglie straniere vivono **al di sotto della soglia di povertà** e alcune in condizioni di povertà assoluta.	Sadly, in Italy many foreign families live **under the poverty threshold** and some in absolute poverty.
* La cittadinanza italiana **è** oggi **basata** principalmente **sul** cosiddetto *ius sanguinis* (diritto di sangue), in base al quale si è italiani se almeno uno dei genitori è cittadino italiano.	Italian citizenship **is** nowadays mainly **based on** the so-called *ius sanguinis* (*literal: the right of blood, i.e. acquiring the nationality of your parent*s), according to which you are Italian if at least one of your parents is an Italian citizen.
* In Italia non si applica lo *ius soli* automaticamente e **viene concesso** solo in casi eccezionali, per esempio se non si conoscono i genitori del bambino.	In Italy, *ius soli* (*literal: the law relating to the soil, i.e. the principle by which birth in a state is sufficient to confer nationality*) is not applied automatically; **it is granted** only in exceptional circumstances, such as when the parents of a child are unknown.

Possibili soluzioni / Possible solutions

Possibili soluzioni	Possible solutions
una politica di accoglienza e di apertura verso i migranti	a policy of welcoming and integrating migrants
l'acquisizione della cittadinanza	acquiring citizenship
rafforzare la lotta contro l'immigrazione clandestina	to get tougher on illegal immigration
ottenere il diritto di voto	to gain the right to vote
offrire dei corsi di alfabetizzazione	to offer literacy classes
evitare la ghettizzazione/la segregazione	to avoid creating ghettos/segregation
favorire l'inclusione sociale/percorsi di integrazione	to promote social inclusion/pathways for integration
promuovere la diversità e la comprensione interculturale attraverso iniziative multiculturali	to promote diversity and intercultural understanding through multicultural initiatives
A mio avviso, gli immigrati rappresentano una risorsa economica per il Paese che li ospita.	In my opinion, immigrants are an economic resource for the country that hosts them.
* Non si risolverà il problema dell'immigrazione **a meno che** non **si ripartiscano** meglio le ricchezze e non **si investa** nel migliorare le condizioni di vita dei Paesi poveri.	The problem of immigration will not be resolved **unless** wealth **is better distributed** and investments **are made** to improve living conditions in poor countries.

3 Ingegno umano

A Il trasporto

Andare a scuola

a piedi

in macchina *o* in auto(mobile)/in bicicletta/in motorino/in scooter/in moto(cicletta)

in autobus/in pulmino *o* scuolabus/in treno/in metropolitana/in tram

la fermata dell'autobus

la stazione della metropolitana

la linea dell'autobus/della metropolitana

prendere/usare i mezzi pubblici

salire/scendere da un mezzo di trasporto

Quando fa bello vado a scuola a piedi o in bicicletta, ma se piove mio padre mi accompagna in macchina.

Spesso arrivo a scuola in ritardo perché l'autobus non arriva mai in orario.

Il tragitto da casa mia alla scuola non è molto lungo. L'autobus passa ogni dieci minuti e impiega circa mezz'ora se non c'è molto traffico.

Per me, il treno è il mezzo di trasporto più veloce per andare a scuola perché consente di evitare il traffico.

Mio fratello è pigro e preferisce prendere il tram **anche se** solo per due fermate.

Da casa mia **ci vogliono** circa dieci minuti di macchina per arrivare a scuola.

Going to school

on foot

by car/by bicycle/by moped/by scooter/by motorbike

by bus/by minibus *or* school bus/by train/by underground/by tram

bus stop

underground station

bus route/underground line

to take/to use public transport

to get on/to get off a mode of transport

When the weather is good, I walk or cycle to school but if it rains, my father drives me to school.

I am often late for school because the bus never arrives on time.

The journey from my home to school is not very long. The bus runs every ten minutes, and it takes about half an hour if there isn't much traffic.

For me, the train is the fastest mode of transport to get to school because it allows you to avoid the traffic.

My brother is lazy and prefers to take the tram **even if** it's only two stops.

From my house, **it takes** about ten minutes by car to get to school.

Partire per un viaggio

in aereo/in pullman/in camper/in roulotte/in taxi *o* in tassì

in barca (a vela)/in nave (da crociera)/in traghetto

la stazione dei treni/ferroviaria

la stazione degli autobus

il porto/l'aeroporto

il parcheggio

il volo/il numero di volo

un biglietto di sola andata/di andata e ritorno/ridotto

un biglietto di prima/di seconda classe

To leave for a trip

by plane/by coach/by campervan/by caravan/by taxi

by (sail)boat/by (cruise) ship/by ferry

train/railway station

bus/coach station

harbour/airport

car park

flight/flight number

single/return (round-trip)/discounted ticket

a first-class/standard ticket

la carta d'imbarco	boarding pass
la biglietteria	ticket office
l'orario dei treni/degli autobus/dei pullman/del volo	train/bus/coach timetable/flight time *or* schedule
il tabellone delle partenze/degli arrivi	departures/arrivals board
la sala d'attesa/la sala d'imbarco	waiting room/departure lounge
il deposito bagagli	luggage storage
il vagone (ristorante)/la carrozza	(restaurant) car/carriage
il posto riservato	reserved seat
l'accettazione *o* il check-in	check-in
i controlli di sicurezza	security checks
i passeggeri	passengers
l'assistente di volo/l'hostess/lo steward	flight attendant/hostess/steward
viaggiare sui mezzi pubblici	to travel on public transport
prendere il treno/l'aereo	to catch a train/a plane
obliterare/convalidare/timbrare il biglietto	to stamp *or* to validate a ticket
fare il check-in (online)	to check in (online)
imbarcare/ritirare il bagaglio	to check in/to collect the luggage
imbarcarsi/salire a bordo	to board/to get on board
decollare/atterrare	to take off/to land
Il prossimo treno parte tra cinque minuti dal binario nove.	The next train departs in five minutes from platform nine.
È un treno diretto o bisogna cambiare?	Is it a direct train or do you need to change?
Bisogna fare un cambio/fare scalo/prendere una coincidenza.	You need to change/to stop over/to take a connection.
Il treno/Il traghetto/L'aereo è in ritardo/al completo/cancellato.	The train/The ferry/The flight is delayed/full/cancelled.
Per i viaggi lunghi, preferisco l'aereo perché è molto più veloce e meno stancante.	For long journeys, I prefer to fly because it is much faster and less tiring.
Quando viaggio in aereo mi piace viaggiare leggero(-a) con il solo bagaglio a mano per evitare lunghe code al check-in.	When I travel by plane, I like to travel light with only a carry-on bag to avoid long queues at check-in.
Quando **si viaggia** in aereo, specialmente con le compagnie low-cost, bisogna pagare un sovraprezzo se il bagaglio è troppo pesante.	When **you travel** by plane, especially with low-cost airlines, you have to pay an extra charge if your luggage is too heavy.
Preferisco il treno all'aereo perché posso guardare fuori dal finestrino e vedere il paesaggio. Inoltre, il treno arriva nel centro della città, **mentre** gli aeroporti sono spesso lontani dal centro.	I prefer the train to the plane because I can look out of the window and see the scenery. Besides, the train arrives in the city centre, **whereas** airports are often far from the centre.
Oltre ad essere veloci, i treni ad alta velocità sono silenziosi e confortevoli e hanno tutti l'aria condizionata.	In addition to being fast, high-speed trains are quiet and comfortable, and they all have air conditioning.
È possibile portare la bicicletta su alcuni treni **pagando** un supplemento.	It is possible to bring bicycles on some trains **by paying** a supplement.

Sulla strada

il veicolo/i mezzi a due *o* quattro ruote	vehicle/two-wheeled *or* four-wheeled vehicles
il camion *o* l'autocarro/il furgone/il furgoncino	truck *or* lorry/van/minivan
il conducente/l'autista/il camionista	driver/driver/lorry *or* truck driver
la corsia di sorpasso/di emergenza	overtaking/emergency lane
la zona a traffico limitato (ZTL)/la zona pedonale	restricted traffic area/pedestrian zone
divieto di sosta/sosta vietata	no parking
il semaforo (rosso, giallo, verde)	traffic lights (red, amber, green)
la segnaletica (stradale)/il segnale *o* cartello stradale	road signs/road sign
le strisce pedonali	pedestrian *or* zebra crossing
la rotatoria/la rotonda	roundabout
il distributore di benzina/il benzinaio	petrol *or* gas station/petrol *or* gas station attendant
le direzioni	directions
dare indicazioni stradali	to give directions
prendere la strada principale/secondaria	to take the main/minor road
andare sempre dritto	to go straight on
girare a destra/a sinistra all'incrocio/al bivio	to turn right/left at the crossroads/at the fork
rispettare/superare i limiti di velocità	to observe/to exceed the speed limit
guidare a 130 km all'ora	to drive at 130 km per hour
prendere una multa	to be fined
fermarsi in un'area di servizio *o* in un autogrill	to stop at a service station
fare benzina/fare il pieno/ricaricare la batteria	to fill up with petrol/to fill the tank/to recharge the battery
essere bloccati nel traffico	to get stuck in traffic
avere un incidente	to have a road accident
avere una gomma sgonfia *o* a terra/una gomma bucata *o* forata/l'auto in panne	to have a flat tyre/a punctured tyre/a car breakdown
chiamare il soccorso stradale/il carro attrezzi/l'ambulanza/i soccorsi	to call the breakdown service/the recovery vehicle/the ambulance/the emergency services
prendere la patente (di guida)	to get your driving licence
fare/prendere lezioni di guida	to take driving lessons

Il mezzo di trasporto più usato dagli italiani è l'automobile, tuttavia parcheggiare in città è molto difficile e il traffico nelle ore di punta è molto intenso.

The most common means of transport in Italy is the car. However, parking in cities is very difficult and traffic is very intense during rush hours.

Il trasporto su strada è la prima fonte di emissioni di CO_2 (anidride carbonica *o* biossido di carbonio).

Road transport is the largest source of CO_2 (carbon dioxide) emissions.

Molti italiani amano usare il motorino o lo scooter **per muoversi** più velocemente in città e evitare gli ingorghi.

Many Italians love using mopeds or scooters **to move** more quickly in the city centre and avoid congestion.

In Italia, bisogna pagare un pedaggio per circolare sulle autostrade e per questo spesso **si creano** lunghe code ai caselli autostradali.

In Italy, you have to pay a toll to drive on motorways, and for this reason long queues often **form** at the motorway toll stations.

B L'intrattenimento

Arte, cinema e letteratura / Arts, cinema, and literature

la pittura/la scultura/l'architettura/la fotografia/il disegno	painting/sculpture/architecture/photography/drawing
la letteratura/la poesia/la musica/la danza/il teatro	literature/poetry/music/dance/theatre
un quadro *o* un dipinto/una statua/un'opera d'arte/un capolavoro	a painting/a statue/a work of art/a masterpiece
un (auto)ritratto/un affresco/una natura morta/un olio su tela/un acquerello	a (self)portrait/a fresco/a still life/an oil on canvas/a watercolour
gli artisti/i grandi maestri	artists/great masters
la galleria d'arte/la pinacoteca	art gallery
la mostra/l'esposizione/la collezione (permanente/temporanea)	exhibition/exposition/(permanent/temporary) collection
il/la regista/regia di …	(film) director/direction by …
la colonna sonora	soundtrack
le celebrità/i divi *o* le stelle del cinema	celebrities/film stars
i paparazzi/i fotografi/i fotoreporter	paparazzi/photographers/photojournalists
il/la protagonista/il personaggio principale/il ruolo	protagonist/main character/role
la trama/lo sviluppo della trama	plot/development of the story
il genere/la categoria	genre/category
dipingere/scolpire/disegnare	to paint/to sculpt/to draw
andare al cinema/al museo/a un festival letterario/cinematografico/all'inaugurazione di una mostra	to go to the cinema/to a museum/to a literary/film festival/to the opening of an exhibition
scoprire un/un' artista/un pittore *o* una pittrice/uno scultore *o* una scultrice	to discover an artist/a painter/a sculptor
scoprire un attore *o* un'attrice/uno scrittore *o* una scrittrice/un poeta *o* una poetessa	to discover an actor/a writer/a poet
far conoscere/promuovere l'arte e la cultura di una regione/di un Paese	to publicize/to promote the art and culture of a region/of a country
guardare i film d'azione/d'avventura/di animazione/dell'orrore/di fantascienza/di guerra/d'amore *o* romantici	to watch action/adventure/animation/horror/science-fiction/war/love *or* romantic films
apprezzare i film comici/polizieschi/storici *o* in costume/in bianco e nero	to appreciate comedy/detective *or* crime/historical/black and white films
rivedere le commedie (romantiche)/i thriller/i grandi classici (del cinema)	to rewatch (romantic) comedies/thrillers/the great classics (of cinema)
girare un film/una scena	to shoot a film/a scene
chiedere/fare l'autografo	to ask for/to give *or* to sign an autograph
leggere un romanzo (rosa/d'avventura/storico)	to read a (romantic/adventure/historical) novel
leggere un racconto/un giallo/una poesia/un saggio/una biografia/un best seller/un capitolo (di un libro)	to read a short story/a detective story/a poem/a non-fiction book/a biography/a bestseller/a chapter (of a book)
L'arte è la mia passione e adoro visitare l'Italia perché ci sono opere d'arte ovunque.	I'm passionate about art and I love visiting Italy because there are works of art everywhere.

La Mostra del cinema di Venezia, **a cui** partecipano ospiti da tutto il mondo, ha luogo/si tiene ogni anno tra la fine di agosto e l'inizio di settembre.	The Venice Film Festival, **which** hosts guests from all over the world, takes place every year between the end of August and the beginning of September.
Guardo **il più possibile** i film italiani in versione originale con i sottotitoli.	**As often as possible**, I watch Italian films in their original version with subtitles.
L'ultimo film che ho visto è/s'intitola X ed è un film di fantascienza. Ho trovato gli attori e gli effetti speciali incredibili.	The last film I saw was X, a science fiction film. I found the actors and the special effects incredible.
Mi piacerebbe visitare un set cinematografico e incontrare i miei attori preferiti di persona.	I would like to visit a cinematographic set and meet my favourite actors in person.
Fino a qualche anno fa, leggevo soltanto fumetti.	**Until some years ago**, I used to read only comics.
Il mio autore/scrittore preferito è …	My favourite author/writer (m) is …
La mia autrice/scrittrice preferita è …	My favourite author/writer (f) is …
Questo libro parla di …/tratta di …/tratta il tema di …/tratta delle vicende di …/racconta la storia di …	This book is about …/is about …/addresses the subject of …/addresses the doings of …/tells the story of …
Ho letto un libro veramente appassionante ambientato in Italia ai giorni nostri.	I read a very interesting book set in Italy in our times/at present times.
Ho sempre amato leggere perché grazie ai libri posso viaggiare con la fantasia.	I have always liked reading because through books I can travel with my imagination.

Le arti / Arts

le arti figurative *o* visive/plastiche/decorative/grafiche/dello spettacolo	visual/plastic/decorative/graphic/performing arts
l'arte classica/medievale/rinascimentale	classical/medieval/renaissance art
l'arte moderna/contemporanea/figurativa/astratta/di strada/minimalista	modern/contemporary/figurative/abstract/street *or* urban/minimalist art
Rinascimento/Barocco/Impressionismo/Espressionismo/Futurismo	Renaissance/Baroque/Impressionism/Expressionism/Futurism
le belle arti	fine arts
uno schizzo/un bozzetto	sketch
una cornice	frame
un pennello/una pennellata	a paintbrush/a brushstroke
la vita/la biografia dell'artista	life/biography of the artist
la data di composizione dell'opera	date of creation of the work
il contesto storico	historical context
la fonte d'ispirazione	(source of) inspiration
il soggetto/il tema trattato/la tematica trattata	subject/topic/theme
la reazione del pubblico/della critica	reaction of the audience/of the critics
i riferimenti culturali	cultural references
la portata/l'influenza di un'opera	impact/influence of a work
avere uno stile personale/riconoscibile/innovativo	to have a personal/recognisable/innovative style

rappresentare/simboleggiare	to represent/to symbolize
identificarsi (con)	to identify (with)
far parte di/appartenere a un genere/un movimento/una corrente artistica	to be part of/to belong to a genre/trend/artistic movement
apprezzare l'arte/essere un/un' amante dell'arte	to appreciate art/to be an art lover
sovvenzionare le opere d'arte	to fund/to subsidize works of art

* **Alcuni sostengono che** i graffiti **siano** una forma d'arte vera e propria e non un atto di vandalismo.
  Some maintain that graffiti **is** popular art and not an act of vandalism.

* Gli artisti ricercano nuovi modi di espressione **che siano** al passo con i loro tempi, come le installazioni multimediali o digitali del XXI secolo.
  Artists are seeking new modes of expression **that are** in step with their times, such as 21st-century multimedia or digital installations.

* **Quello che** mi colpisce in un'opera non è solo l'aspetto estetico, ma anche il suo significato.
  What strikes me in a work is not only its aesthetics but also its meaning.

* **Non** sono **solo** le qualità stilistiche di un'opera a suscitare in noi delle reazioni, **ma anche** il suo messaggio e il modo in cui si relaziona con il nostro vissuto personale.
  It is **not just** the stylistic qualities of the work that make us react to it, **but also** its message and the way it relates to our personal experience.

A cosa serve l'arte?

What is the purpose of art?

un'emozione unica/una sensazione profonda	unique emotion/deep feeling
un momento d'evasione dalla realtà	a moment of escape from reality
un modo di guardare al mondo/interpretare la realtà	a way of looking at the world/interpreting reality
un prodotto commerciale	a commercial product
esprimere/suscitare un'emozione/una reazione/un sentimento profondo	to express/to arouse an emotion/a reaction/a deep feeling
offrire una visione diversa del mondo/della vita	to show the world/life in a different light
creare il bello/produrre bellezza	to create beauty/to produce beauty
dare libero corso all'immaginazione	to let the imagination run wild
catturare lo spirito/il sentimento del tempo	to capture the spirit/the feeling of time
celebrare una persona/un momento/un evento	to honour a person/a time/a story
arricchire la cultura/il patrimonio culturale di un Paese	to enrich the culture/the heritage of a country
far riflettere/sognare	to make you think/dream
trasmettere un messaggio/un'idea	to convey a message/an idea
provocare/scioccare/scandalizzare	to provoke/to shock/to scandalize

* L'arte non rappresenta la realtà ma esprime un'emozione in relazione a ciò che vediamo; **in altri termini**, ci permette di vedere la realtà attraverso gli occhi dell'artista.
  Art does not represent reality but expresses an emotion in relation to what we see. **In other words**, it allows us to see reality through the lens of the artist.

I programmi televisivi — Television programmes

le serie TV/i telefilm	TV series
i cartoni (animati)	(animated) cartoons
i documentari	documentaries
il telegiornale	TV news programme
un programma di cucina/sportivo/di attualità	a cookery/sport/current affairs programme
la televisione on demand/a pagamento	catch-up/pay-per-view television
la trasmissione televisiva (in diretta)	TV programme shown live
il conduttore/la conduttrice	TV presenter
il piccolo schermo/il grande schermo (id)	television/cinema (*literal: the small screen/the big screen*)
fare zapping (con il telecomando)	to do zapping (with the remote control)
trasmettere un film/un programma alla TV/andare in onda	to broadcast a film/programme on TV/to go on air
Non so mai cosa guardare in TV dato che ci sono troppi canali!	I never know what to watch on TV because there are too many channels!
Non guardo quasi mai i film in TV perché **li** interrompono sempre con la pubblicità.	I hardly ever watch movies on TV because they always interrupt **them** with commercials.
Non posso fare a meno di guardare un'intera serie TV/tutti gli episodi *o* le puntate di fila.	I can't help binge-watching a whole series/all the episodes.
Per quanto mi riguarda, non sopporto i reality-show.	**As far as I'm concerned**, I can't stand reality shows.
Personalmente amo **rilassarmi** davanti a programmi di intrattenimento come …	I personally love **to relax** in front of entertaining programmes such as …
Sono completamente dipendente dalle serie televisive, per esempio amo guardare …	I am completely addicted to TV series, for example, I like to watch …
Non guardo molto spesso la TV, ma se la guardo, preferisco i programmi di informazione o di inchiesta perché mi piace tenermi informato(-a).	I don't watch TV very often, but when I do, I prefer the news or investigative programmes because I like to stay informed.
Di solito, guardo i film sulla piattaforma di streaming, ma se devo scegliere, preferisco andare al cinema perché **penso che sia** un'esperienza più coinvolgente.	I usually watch movies on the streaming platform, but if I have the choice, I prefer to go to the cinema because **I think it's** a more engaging experience.

La musica e il teatro — Music and theatre

la musica classica/sinfonica/da camera/moderna/tradizionale/rock	classical/symphonic/chamber/modern/traditional/rock music
la sala da concerto/l'auditorio *o* l'auditorium	concert hall/auditorium
l'orchestra (sinfonica)	(symphony) orchestra
il direttore d'orchestra	conductor
il musicista/la musicista	musician
il palcoscenico	stage
la compagnia teatrale/il cast	theatre company/cast
la stagione teatrale/lirica	theatre/opera season

Ingegno umano 3

suonare uno strumento/il pianoforte/il violino/il violoncello/la chitarra/la batteria/il flauto/la tromba/l'arpa/la fisarmonica	to play an instrument/the piano/the violin/the cello/the guitar/the drums/the flute/the trumpet/the harp/the accordion
cantare una canzone/in un coro	to sing a song/in a choir
recitare/provare *o* fare le prove	to act/to rehearse
andare a teatro/a un concerto/a un festival	to go to the theatre/to a concert/to a festival
andare a vedere uno spettacolo/una rappresentazione teatrale/un musical/un'opera lirica	to go and see a show/a play/a musical/an opera
Come musica, ascolto un po' di tutto, ma mi piace soprattutto la musica pop *o* leggera e ascolto tantissimi podcast.	I listen to all kinds of music, but I especially like pop music and I listen to many podcasts.
Il mio cantante/La mia cantante preferito(-a) è …	My favourite singer is …
Purtroppo **non** ho **mai** visto degli spettacoli di danza classica/moderna/contemporanea.	Unfortunately, I have **never** seen any ballet/modern/contemporary dance performances.
Da bambino(-a), **andavo** spesso al circo con la mia famiglia.	When I was a child, **I used to go** to the circus with my family.
Non dimenticherò mai la prima volta che ho visto il mio gruppo preferito dal vivo. È stato fantastico!	I will never forget the first time I saw my favourite band live. It was fantastic!

L'arte va in scena — Art takes the stage

le note musicali	musical notes
lo spartito	(musical) score
il canto/il balletto/la recitazione	singing/ballet/acting
le parole/il testo di una canzone	lyrics/text of a song
il/la solista/la voce/il soprano/il tenore	soloist/voice/soprano/tenor
la casa discografica	record label
l'album/il singolo	album/single
il compositore/la compositrice	composer
gli strumenti a corda/a fiato/a percussione/a tastiera	string/wind/percussion/keyboard instruments
comporre/eseguire un brano musicale/una sinfonia	to compose/to execute a musical piece/a symphony
mettere in scena/assistere a uno spettacolo	to stage *or* to put on a show/to attend a show
Partecipare al Festival della Canzone Italiana di Sanremo, il concorso canoro più importante in Italia, è il sogno di molti cantanti emergenti e non solo.	Participating in the Sanremo Italian Song Festival, the most important singing competition in Italy, is the dream of many emerging and established singers.
* **Se potessi, mi piacerebbe** tantissimo andare all'Umbria Jazz quest'estate perché sono un/un' appassionato(-a) di musica jazz.	**If I could, I would love to** go to Umbria Jazz this summer because I am a fan of jazz music.
* La musica lirica italiana **è stata iscritta** nel Patrimonio Culturale Immateriale dell'Unesco e le sue arie più celebri sono conosciute in tutto il mondo.	Italian opera music **has been inscribed** in UNESCO's Intangible Cultural Heritage list, and its most famous arias are known worldwide.

C I media

La carta stampata / Written press

il giornale (online/di carta o cartaceo)/il quotidiano	(online/printed) newspaper/daily paper
il lettore/la lettrice	reader
il/la giornalista	journalist
un articolo di cronaca nera/rosa/sportiva/politica/cittadina o locale	an article on crime news/in the gossip column/on sports/on political news/on local news
un annuncio/un'inserzione	an advertisement in a newspaper
scrivere/raccontare/stampare/pubblicare	to write/to tell or narrate or recount/to print/to publish
essere sulle prime pagine dei giornali	to be on the front page of the newspapers
sfogliare una rivista	to leaf through a magazine
Ho un abbonamento a/Sono abbonato(-a) a una rivista di moda.	I have a subscription to/I subscribe to a fashion magazine.

I mezzi di comunicazione tradizionali / Traditional media

un editoriale/una rubrica	editorial/column or section
un periodico/un settimanale/un mensile/un rotocalco	periodical or magazine/weekly magazine/monthly magazine/glossy magazine
l'inviato(-a)/il/la corrispondente (estero)	(foreign) correspondent
la redazione/il (capo)redattore/la (capo)redattrice	editorial office/editor (in-chief)
la tiratura/la diffusione	circulation
la libertà di stampa	freedom of the press
redigere un articolo	to write an article
È un fatto che la carta stampata è in crisi e, secondo alcuni, i giornali tradizionali sono destinati a scomparire.	It is a fact that printed newspapers are in crisis and, according to some, traditional newspapers will eventually disappear.

Internet e le reti sociali / The internet and social media

un sito (d'informazione)	(news) website
una chat	(internet) chat
un hashtag	hashtag
la generazione dei nativi digitali	the generation of digital natives
andare su internet/sui social media	to go online/on social networks
navigare in rete/chattare	to browse or to surf the net/to chat
avere dei followers	to have subscribers/followers
seguire un blog	to follow a blog
mettere un 'mi piace' a una pagina	to 'like' a page
condividere un post	to share a post
commentare/lasciare un commento	to comment/to leave a comment
aggiornare il profilo	to update your profile
Grazie alle videochiamate e alle applicazioni di messaggistica istantanea, posso rimanere in contatto con i miei amici e la mia famiglia anche quando sono lontano(-a).	Thanks to videocalls and instant messaging apps, I can keep in touch with my friends and my family even when I am far away.
Ho letto che più del 30% degli adolescenti italiani naviga in rete per più di cinque ore al giorno.	**I read that** more than 30% of Italian teenagers spend more than five hours a day online.

Le reti sociali: gli aspetti positivi …	**Social networks: the positives …**
la comunicazione/lo scambio di idee	communication/exchanging ideas
l'accesso gratuito alle informazioni	free access to information
i contenuti personalizzati	personalized content
conoscere nuove persone	to get to know new people
riallacciare rapporti/amicizie	to reconnect with friends
ridurre la solitudine/l'isolamento sociale	to reduce loneliness/social isolation
Trovo che sia fantastico poter comunicare con persone da tutto il mondo.	**I think it is** great to be able to communicate with people from all over the world.
… e gli aspetti negativi	**… and the negatives**
la dipendenza dai media sociali *o* dalle reti sociali *o* dai social network	addiction to social networks
il cyberbullismo	cyberbullying
la disinformazione *o* le notizie false *o* le bufale (fam)	fake news
il furto d'identità	identity theft
la pirateria informatica	hacking
essere vittima di intimidazione/bullismo/frode	to be a victim of harassment/bullying/fraud
incontrare dei criminali/dei malintenzionati	to meet criminals/ill-intentioned people
Devo ammettere che le notifiche sono una distrazione continua dal lavoro/dallo studio.	**I must admit that** notifications distract me from work/from studying.
Si può dire che le reti sociali creano un'immagine di noi che non corrisponde sempre alla realtà.	**You could say that** social networks create an image of ourselves that does not always match reality.
Le notizie in rete	**News on the internet**
valutare la validità e l'affidabilità di un'informazione	to assess the validity and reliability of (a piece of) information
verificare le fonti d'informazione	to check the sources of information
saper comprendere la differenza tra informazione e opinione	to be able to tell the difference between information and opinion
distinguere il vero dal falso	to distinguish between what is true and false
In Italia, l'80% dei giovani si informa sulle reti sociali, tuttavia le notizie che circolano sui media sociali non sono sempre affidabili.	In Italy, 80% of young people keep informed via social networks, however, the news that is spread on social networks is not always reliable.
*I leoni da tastiera (id) si nascondono dietro l'anonimato, ma **occorre** segnalare i messaggi e i contenuti inappropriati o illeciti per evitare che si diffondano diventando virali.	Keyboard warriors/bullies (*literal: keyboard lions*) hide behind anonymity, but **we should** report inappropriate or illegal messages and contents to stop them going viral.
*Ho trovato molto interessante** che le reti sociali **abbiano contribuito** alla diffusione di movimenti sociali come *Black Lives Matter* o *#MeToo*.	**I have found it very interesting that** social networks **helped** spread social movements like *Black Lives Matter* or *#MeToo*.

D La tecnologia

La tecnologia nella vita quotidiana / Technology in everyday life

un computer/un computer portatile/un tablet	computer/laptop/tablet
un (telefono) cellulare *o* un telefonino/uno smartphone	mobile *or* cell phone/smartphone
un'applicazione/un'app	application/app
un sito internet/un sito web	internet site/website
il cloud/la nuvola	cloud
l'intelligenza artificiale/l'IA	artificial intelligence/AI
un'email/un indirizzo di posta elettronica *o* email	email/email address
un lettore di e-book/un e-reader	electronic reader/e-reader
un e-book *o* un libro elettronico/un audiolibro	e-book/audiobook
una macchina fotografica digitale	digital camera
il navigatore satellitare	satnav
una console per videogiochi	game console
la smart TV	smart TV
uno schermo/un monitor/un touch-screen/una tastiera/un mouse/una webcam	screen/monitor/touchscreen/keyboard/mouse/webcam
le cuffie/le cuffiette	headphones/earphones
la connessione a internet/il wi-fi	internet connection/wi-fi
un browser/un software	browser/software
una stampante/uno scanner	printer/scanner
la chiavetta USB	USB stick/flash drive
il motore di ricerca	search engine
la cartella	folder
digitare	to type
inviare/ricevere/inoltrare un documento/un'email	to send/to receive/to forward a document/an email
ricevere uno spam/email spazzatura	to receive spam/junk mail
selezionare un file	to select a file
cliccare su un link	to click on a link
caricare/scaricare *o* fare il download	to upload/to download
copiare-incollare/fare copia-incolla	to copy and paste
salvare/cancellare/allegare un documento	to save/to delete/to attach a document
Purtroppo, ancora oggi molti bambini non hanno accesso a un computer o a internet per poter seguire le lezioni online.	Unfortunately, even today many children do not have access to a computer or the internet in order to have online lessons.
Grazie a internet, qualsiasi tipo di informazione è a portata di clic.	Thanks to the internet, any kind of information is now just a few clicks away.

Ingegno umano 3

L'impatto positivo della tecnologia / Positive impact of technology

il progresso tecnologico	technological progress
la casa intelligente	smart home
la robotica	robotics
facilitare la vita di tutti i giorni	to make everyday life easier
risparmiare tempo	to save time
La tecnologia fa parte della nostra vita quotidiana.	Technology is part of our daily lives.
Grazie a internet è possibile fare acquisti/compere/shopping online/in linea.	Thanks to the internet, it is possible to do shopping online.
I benefici delle nuove tecnologie sono innegabili nel mondo del lavoro, ad esempio con le videoconferenze la comunicazione è più facile e veloce.	The benefits of new technologies are undeniable in the world of work. For instance, with video conferencing communication is easier and faster.
Ora è possibile lavorare da casa, **il che** riduce gli spostamenti e l'inquinamento.	It is now possible to work from home, **which** reduces travel and pollution.
Il GPS è un'innovazione che ha reso i viaggi più facili e sicuri.	GPS (*global positioning system*) is an innovation that has made travelling easier and safer.

Gli effetti indesiderati / Undesirable effects

Alcune persone sostengono che le onde elettromagnetiche dei telefoni cellulari **siano** dannose per la nostra salute.	**Some people claim that** electromagnetic waves from mobile phones **are** harmful to our health.
Molti sono convinti che la luce blu dei nostri schermi ci **impedisca** di dormire bene.	**Many are convinced that** the blue light from our screens **prevents** us from sleeping well.
Si dice che l'iperconnettività **possa** influire sulla salute mentale dei giovani.	**People say that** hyperconnectivity **can** affect the mental health of young people.
Secondo alcuni, garantire la riservatezza dei dati personali **potrebbe** diventare un problema molto serio.	According to some, ensuring the confidentiality of personal data **could** become a serious problem.

I vantaggi di un mondo connesso / The benefits of a connected world

avere accesso a tutti i tipi di informazioni istantaneamente e gratuitamente	to have access to all kinds of information instantly and free of charge
essere raggiungibili ovunque e in qualsiasi momento, se lo si desidera	to be reachable anywhere, anytime, if you wish it
Essere connessi a internet significa avere accesso a tutto il mondo e far parte del 'villaggio globale'.	Being connected to the internet means having access to the whole world and being part of the 'global village'.
* Internet rende possibile lavorare da casa/da remoto e molte altre cose, come fare prenotazioni o gestire il proprio conto corrente, **senza dover uscire** di casa.	The internet makes working from home possible and many other things too, such as making reservations or managing your bank account, **without having to leave** your home.
* La rivoluzione digitale ha permesso la creazione di servizi altamente innovativi, **tra cui** la chirurgia a distanza, le teleconferenze e i tour virtuali.	The digital revolution has enabled the creation of highly innovative services, **including** remote surgery, teleconferencing, and virtual tours.

Gli svantaggi et i pericoli della società digitale

Disadvantages and dangers of cyber-society

un attacco informatico/un'intrusione informatica/un virus	a cyberattack/a cyber intrusion/a virus
la criminalità informatica	cybercrime
la violazione della proprietà intellettuale	infringement of intellectual property
la perdita della riservatezza dei dati personali	loss of confidentiality of personal data
isolarsi/perdere il contatto con la realtà	to isolate oneself/to lose contact with reality
essere *o* venire esposti a immagini violente/sciocanti	to be exposed to violent/shocking images
subire gli effetti nocivi della luce blu e delle onde elettromagnetiche	to suffer the unhealthy effects of blue light and electromagnetic waves

I contatti virtuali possono essere pericolosi perché non si conosce sempre la vera identità delle persone **con cui** si comunica.

Virtual contacts can be dangerous because you don't always know the true identity **of** the people you are communicating **with**.

È quasi impossibile cancellare le informazioni da un social network.

It is almost impossible to delete information from a social network.

Internet può rendere più facile la diffusione di idee estremiste.

The internet can facilitate the spread of dangerous extremist ideas.

Alcuni specialisti accusano internet di ridurre le nostre facoltà cognitive, rendendo più difficile concentrarsi, comprendere e memorizzare.

Some specialists blame the internet for reducing our cognitive faculties, making it harder for us to concentrate, understand, and memorize.

L'intelligenza artificiale è ormai parte integrante della nostra vita quotidiana: c'è chi la considera la più grande scommessa per il futuro e chi, invece, la ritiene il più grande rischio per l'umanità, poiché potrebbe sostituire molte professioni, mettendo a rischio l'occupazione in diversi settori.

Artificial intelligence is now an integral part of our daily lives: some see it as the greatest bet for the future, while others consider it the greatest threat to humanity, as it could replace many jobs, putting employment at risk in various sectors.

E Le innovazioni scientifiche

Le grandi scoperte scientifiche	Great advances in science
la teoria dell'evoluzione	theory of evolution
la vaccinazione/i vaccini	vaccination/vaccines
la radiografia/i raggi X	radiography/X-rays
la pastorizzazione	pasteurization
gli antibiotici	antibiotics
la fecondazione in vitro/la procreazione assistita	in vitro fertilization/assisted reproduction
la clonazione	cloning
la fissione nucleare	nuclear fission
l'esplorazione dello spazio	space exploration
la terapia a base di cellule staminali	stem cell-based therapy
la struttura ad elica del DNA	structure of the DNA helix
il sequenziamento del genoma umano	sequencing of the human genome
l'ingegneria genetica	genetic engineering
la robotica	robotics
fare/condurre ricerche/dei test/degli esperimenti in laboratorio	to do/to conduct research/tests/experiments in the lab
finanziare un progetto di ricerca/una ricerca scientifica	to fund a research project/scientific research
Le innovazioni mediche possono aiutare a eradicare alcune malattie ereditarie.	Medical innovations can help to eradicate certain hereditary diseases.
La messa a punto/Lo sviluppo dell'anestesia ha reso possibile eseguire interventi chirurgici lunghi e complessi.	The development of anaesthetics has made it possible to perform long and complex surgical procedures.
* **È possibile che** le innovazioni mediche **facciano** un vero e proprio passo avanti nel trattamento delle malattie legate all'età, come l'Alzheimer.	**It is possible that** medical innovation **will make** a real leap forward in the treatment of age-related diseases, such as Alzheimer's.

Il progresso scientifico

I lati positivi

comprendere l'uomo/l'universo

prevenire la diffusione di malattie

curare malattie un tempo incurabili

ridurre la mortalità infantile

allungare la speranza di vita

migliorare la qualità della vita

I lati negativi

la sperimentazione animale/la vivisezione/ le cavie di laboratorio

andare troppo lontano/giocare con il fuoco (id)

mettere a rischio la salute fisica e mentale del paziente

mettere gli interessi della ricerca davanti a quelli del paziente

superare i limiti morali *o* etici/non porre un confine tra principi morali *o* etici e desiderio di conoscenza

infrangere il codice di deontologia medica

Gli OGM potrebbero forse risolvere il problema della fame nel mondo, ma resta il fatto che nel frattempo cresce la preoccupazione per i rischi che pongono per i consumatori e l'ambiente.

Il progresso medico e tecnologico impone con urgenza interrogativi di natura etica, per esempio sul trattamento di fine vita, sullo statuto dell'embrione, sulla clonazione umana e sulla cosiddetta eugenetica.

Scientific progress

Pros

to understand man/the universe

to prevent diseases from spreading

to cure diseases that were previously incurable

to reduce infant mortality

to increase life expectancy

to improve quality of life

Cons

animal testing/vivisection/laboratory animals

to go too far/to play with fire

to put the patient's physical and mental health at risk

to put the interests of research before those of the patient

to cross moral *or* ethical boundaries/to not draw a boundary between moral *or* ethical principles and the desire for knowledge

to violate the medical code of ethics

GMOs could perhaps solve the problem of world hunger, but the fact remains that in the meantime, there is growing concern about the risks to consumers and the environment.

Medical and technological progress urgently raises ethical questions, for example, on end-of-life treatment, the status of the embryo, human cloning, and so-called eugenics.

Organizzazioni sociali

A Dove abito

La mia casa	My home
una stanza	room
una camera da letto	bedroom
un salotto/un soggiorno	lounge/living room
una sala da pranzo	dining room
una cucina	kitchen
un bagno	bathroom
uno studio	study
un ingresso/un'entrata	hallway
una soffitta/una mansarda	attic
una cantina	cellar
uno sgabuzzino/un ripostiglio	storage closet
una lavanderia	laundry room
un balcone/una terrazza	balcony/terrace
una veranda/un portico	conservatory *or* veranda/porch
un giardino	garden
un garage	garage
abitare/vivere in …	to live in …
… una casa (singola/bifamiliare/a schiera)	… a (detached/semi-detached/terraced) house
… una villetta/una villa	… a detached house (with garden)
… un appartamento (al piano terra *o* al pianterreno/al primo piano)	… a (ground floor/1st floor) flat *or* apartment
… un edificio/un immobile	… a building
… un condominio *o* un palazzo/un grattacielo	… a tower block/a skyscraper
… una fattoria/un casolare	… a farm/a farmhouse
Nella mia casa ci sono cinque stanze. La mia stanza preferita è la mia camera da letto perché è il mio spazio personale.	There are five rooms in my house. My favourite room is my bedroom because it is my personal space.
Adoro la mia casa perché è grande e luminosa.	I like my house because it is big and bright.
Detesto il nostro appartamento perché è piccolo e buio.	I hate our flat because it is small and dark.
Devo condividere la camera con mio fratello/mia sorella.	I have to share my room with my brother/my sister.
Prima abitavo in un appartamento in centro, mentre ora abito in una bella casa con giardino in periferia.	**I used to live** in an apartment in the centre, but now I live in a nice house with a garden in the suburbs.
Nella mia casa ideale/Nella casa dei miei sogni, **vorrei** una sala cinema e una piscina.	In my ideal house/In my dream house, **I would like** a cinema room and a swimming pool.
Se potessi scegliere dove vivere, abiterei in una villa in campagna o in uno chalet in montagna.	**If I could choose where to live**, I would live in a luxury house in the countryside or in a chalet in the mountains.
I miei genitori **hanno appena comprato** *o* **acquistato**/**affittato** un appartamento in un complesso residenziale a due passi dal mare. (id)	My parents **have just bought**/**rented** a flat in a residential area a stone's throw from the sea (*literal: two steps from the sea*).

4 Organizzazioni sociali

La zona dove vivo — The area where I live

un paese/un paesino/una frazione	village/small village/hamlet
una città/una cittadina/la città natale	town/small town/birth place
un comune/una provincia/una regione	municipality/province/region
una via (tranquilla/animata/commerciale/pedonale)	(quiet/busy *or* lively/shopping/pedestrian) street
un quartiere (residenziale/commerciale/industriale)	(residential/shopping/industrial) area
fare compere/acquisti/shopping nei piccoli negozi di quartiere	to go shopping in small local shops
avere dei vicini simpatici/calorosi/accoglienti	to have nice/warm/welcoming neighbours

Abito nel centro di Roma/nella periferia di Roma, la capitale d'Italia.
— I live in the centre of Rome/in the suburbs of Rome, the capital of Italy.

Abito in un paese carino e gli abitanti sono generalmente molto gentili.
— I live in a nice village and the people are generally very kind.

Non mi piace abitare in un palazzo/condominio perché i vicini possono essere rumorosi.
— I don't like living in a tower block because the neighbours can be noisy.

Nella mia città, i maggiori luoghi di ritrovo sono la chiesa/l'oratorio/il centro giovanile/la moschea/la sinagoga/il parco/i giardini pubblici.
— In my town/city, the main gathering places are the church/the parish youth club/the youth club *or* centre/the mosque/the synagogue/the park/the public gardens.

Preferivo il quartiere **dove abitavamo prima** perché c'erano più negozi/era più vicino alla mia scuola.
— I preferred the neighbourhood **where we used to live before** because there were more shops/it was closer to my school.

* **Mi piacerebbe** abitare in centro per avere tutti i servizi come la posta, la banca e il cinema vicino a casa mia.
— **I would like** to live in the city centre in order to have all the amenities such as the post office, bank and cinema near my home.

Vivere in città o in campagna? — To live in the city or in the countryside?

I vantaggi e gli svantaggi della vita in città — Advantages and disadvantages of living in a city/town

Mi piace abitare in città perché ... — I like living in the city because ...

... c'è molto da fare (per i giovani). — ... there is a lot to do (for young people).

... i trasporti pubblici sono efficienti. — ... public transport is efficient.

... ci sono molti bar, ristoranti, cinema e teatri. — ... there are many cafés, restaurants, cinemas, and theatres.

Preferisco abitare in città dato che ... — I prefer to live in the city because ...

.... c'è una vasta scelta di attività ricreative e culturali. — ... there is a wide range of leisure and cultural activities.

.... è più viva/internazionale/cosmopolita della campagna. — ... it's more lively/international/cosmopolitan than the countryside.

Inoltre, in città ci sono ... — Furthermore, in the city there are ...

... molti servizi, come l'ospedale e la palestra. — ... a lot of services, such as hospitals and gyms.

... più/maggiori opportunità lavorative. — ... more/greater job opportunities.

Tuttavia, in città ... — However, in the city ...

... l'aria è sporca e inquinata. — ... the air is dirty and polluted.

... non ci sono abbastanza spazi verdi. — ... there aren't enough green spaces.

In città, si può avere più privacy, **mentre** in campagna è più difficile perché tutti si conoscono.
— In a city, you can have more privacy, **whereas** in the country this is more difficult because everyone knows everyone.

L'ideale per me sarebbe lavorare in città e abitare in campagna. **Tuttavia**, non vorrei fare il/la pendolare tutti i giorni.
— Ideally, I would work in the city and live in the country. **However**, I wouldn't want to commute every day.

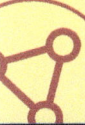

Organizzazioni sociali 4

I vantaggi e gli svantaggi della vita in campagna

Mi piace vivere in campagna perché …

… c'è poco traffico e l'aria è pulita/pura.

… c'è molto spazio fuori.

… c'è molta calma e tranquillità.

… non c'è troppo rumore.

… si possono vedere le stelle la notte.

… la vita è meno cara e stressante che in città.

Un vantaggio della campagna è che …

… c'è un senso di comunità più forte.

Uno svantaggio della campagna è che …

… non c'è niente/molto da fare quando il tempo è brutto o quando fa brutto.

… è difficile spostarsi senza macchina.

I giovani generalmente preferiscono la vita in città. Tuttavia, nelle zone rurali c'è meno violenza e criminalità.

Da un lato, non mi piacerebbe vivere in campagna perché si è isolati e lontani da tutto. Dall'altro, **bisogna riconoscere che** le persone sono meno stressate.

Sempre più italiani fuggono dalla città per vivere in campagna a causa del costo elevato delle case/degli affitti e del traffico.

Advantages and disadvantages of life in the countryside

I like living in the countryside because …

… there is less traffic and the air is clean.

… there is a lot of outdoor space.

… there is a lot of peace and quiet.

… there isn't too much noise.

… you can see the stars at night.

… life is cheaper and less stressful than in the city.

An advantage of the countryside is that …

… there is a stronger spirit of community.

A disadvantage of the countryside is that …

… there is nothing/not much to do when the weather is bad.

… it is difficult to get around without a car.

Young people generally prefer city life. However, there is less violence and crime in the rural areas.

On the one hand, I wouldn't like to live in the countryside because it's isolated and far from everything. On the other hand, **it's important to acknowledge that** people are less stressed.

More and more Italians are fleeing the city to live in the countryside due to the high cost of housing/rent and the traffic.

B Le relazioni sociali

See page 11, Chapter 1 *Identità*, *I rapporti personali*, *La famiglia*, for Ab Initio vocabulary on this topic.

La famiglia	Family
il nucleo familiare/i membri *o* i componenti della famiglia	family unit/family members
i legami familiari/di parentela	family relationships
il/la capofamiglia	head of the family/household
la famiglia di origine	family of origin
la famiglia patriarcale/nucleare/multietnica/arcobaleno	patriarchal/nuclear/multicultural/LGBTQ+ (*literal: rainbow*) family
le nozze/il matrimonio (civile/religioso)	wedding/(civil/religious) wedding
lo sposo/la sposa/gli sposi	bridegroom/bride/bride and groom *or* married couple
il/la testimone (dello sposo/della sposa)	best man/maid of honour
il viaggio di nozze/la luna di miele	honeymoon
la convivenza	living together as an unmarried couple
il/la convivente *o* il/la compagno(-a) *o* il/la partner	partner
l'unione civile	civil partnership/civil union
i Patti Civili di Solidarietà (PACS)	civil solidarity pact
la coppia/l'unione di fatto	'de facto' couple/relationship
la separazione/il divorzio	separation/divorce
i vecchi/gli anziani	old people/the elderly
il/la badante	caregiver/carer/in-home nurse
la casa di riposo	care home
i sostegni *o* gli aiuti alle famiglie	benefits and financial support to families
affidare i figli a uno dei due coniugi/l'affidamento (congiunto)	to grant custody of the children to one of the spouses/(joint) child's custody
l'aumento/la diminuzione/il calo delle nascite	increase/decrease/drop in births
il tasso di natalità/invecchiamento/mortalità	birth/ageing/mortality rate
la gravidanza/la maternità/il parto/la nascita	pregnancy/maternity/childbirth *or* delivery/birth
abortire/l'aborto	to miscarry *or* to have an abortion/abortion
adottare/l'adozione (del configlio)	to adopt/adoption (of a stepchild)
invecchiare/l'invecchiamento	to age/ageing
morire/la morte	to die/death
uscire di casa/andare a vivere da soli *o* per conto proprio	to leave home/to move out and live on your own
mettere su famiglia/rifarsi una famiglia	to start a family/to start a new family
crescere/allevare un bambino	to raise/to bring up a child
occuparsi dei figli/badare ai figli	to look after the children/to take care of the children

conciliare lavoro e famiglia	to balance work and family
lasciarsi/rompere con qualcuno (fam)	to break up/to split up with someone
essere scapolo *o* celibe/nubile/single	to be single (*for a man*)/single (*for a woman*)/single (*for a man or woman*)
essere insieme a qualcuno/fidanzato(-a) con qualcuno	to be together with someone/engaged to someone
essere sposato(-a) con qualcuno *o* essere coniugato(-a)/sposare qualcuno	to be married to someone/to marry someone
essere separato(-a)/divorziato(-a) da qualcuno	to be separated/divorced from someone
essere vedovo/vedova	to be a widower/a widow
La famiglia ricopre un ruolo molto importante nella società italiana.	Family plays a very important role in Italian society.
Oggi ci sono molte famiglie con un solo genitore/monogenitoriali/monoparentali anche in Italia.	Nowadays, there are also many single-parent families in Italy.
La popolazione italiana oggi è composta da sempre più anziani.	Nowadays, the Italian population is made up of an increasing number of elderly people.
A causa della crisi economica e in parte per fattori socio-culturali, in Italia il numero di figli 'mammoni' o 'bamboccioni', ossia i giovani che rimangono a vivere con i genitori fino a oltre i 30 anni, è più elevato che in altri Paesi.	Due to the economic crisis and partly because of socio-cultural factors, the number of 'mammoni' or 'bamboccioni' in Italy, i.e. young people who continue living with their parents until well over the age of 30, is higher than in other countries.

C La comunità

4 Organizzazioni sociali

Lo spirito di comunità	Community spirit
la cerchia di amici e conoscenti	circle of friends and acquaintances
gli abitanti/i residenti	residents
il/la sindaco(-a)/il consiglio comunale	mayor/local *or* town council
la parrocchia/la congregazione	parish/congregation
la squadra/i compagni di squadra/i tifosi	team/teammates *or* fellow team players/supporters
i gruppi sui social media/gli influencer/i follower	social media groups/influencers/followers
avere degli interessi in comune/condividere delle passioni	to have interests in common/to share passions
aiutarsi *o* supportarsi a vicenda	to help each other out
combattere l'isolamento sociale	to fight against social isolation

I miei genitori **vorrebbero che mi facessi** dei nuovi amici ma non è facile quando ci si trasferisce spesso.

My parents **would like me to make** new friends but it's not easy when we move house often.

Per più della metà degli italiani, i rapporti di buon vicinato sono importanti, e molti dichiarano che bere un caffè in compagnia dei propri vicini è una bella abitudine da coltivare e mantenere.

For more than half of Italians, good neighbourly relations are important, and many say that having a coffee with their neighbours is a nice habit to cultivate and maintain.

In varie città italiane, come Torino, si svolge la Festa dei vicini, che si propone di rafforzare lo spirito di convivialità e promuovere la solidarietà al fine di contrastare l'individualismo e l'isolamento sociale.

In several Italian cities, such as Turin, there is a Festa dei vicini, which aims to strengthen conviviality and promote solidarity to counteract individualism and social isolation.

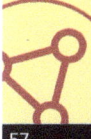

Organizzazioni sociali

4 D L'impegno sociale

Il volontariato	Volunteer work
la partecipazione civica	civic engagement
la responsabilità sociale	social responsibility
la cooperazione internazionale	international cooperation
un'organizzazione di beneficenza/una ONG (organizzazione non governativa)	charitable organization/NGO (non-governmental organization)
un'organizzazione non profit/un'organizzazione senza scopo di lucro/una ONLUS (organizzazione non lucrativa di utilità sociale)	not-for-profit organization
le persone svantaggiate/bisognose/emarginate	disadvantaged/destitute/marginalized people
le persone ai margini della società	people on the margins of society
fare beneficenza/volontariato (per/in)	to do volunteer work (for/in)
offrire supporto/aiuto	to offer support/help
sentirsi utili	to feel useful
far parte di/appartenere a un'associazione	to belong to an association
partecipare a delle campagne umanitarie	to participate in humanitarian campaigns
servire/difendere una causa	to serve/to defend a cause
donare il proprio tempo per una causa	to give your time to a cause
raccogliere soldi *o* fondi per una causa	to raise/to collect money for a cause
aiutare le persone sole/malate	to help lonely/ill people
portare soccorso/aiuto a qualcuno	to provide assistance/help to someone
soccorrere *o* salvare qualcuno	to rescue someone
distribuire aiuti umanitari	to distribute humanitarian aid
dare una mano/tendere una mano a chi ne ha bisogno (id)	to help/to lend a hand to those in need
Molti giovani italiani sono attivi nel volontariato.	Many young Italian people are active in the voluntary sector.
* Desidero mettere il mio tempo e le mie competenze a disposizione di chi **ne** ha bisogno.	I wish to put my time and my skills to good use for people who need **them**.
Il lavoro di volontariato consente di acquisire nuove competenze, come il lavoro di squadra, e di migliorare le capacità organizzative, le abilità comunicative e la risoluzione dei problemi.	Volunteer work makes it possible to learn new skills, like teamwork, and to improve organizational skills, communication skills, and problem-solving.

4 Organizzazioni sociali

L'impegno civico — Civic engagement

il cittadino/la cittadina	citizen
i concittadini/le concittadine	fellow citizens
la cittadinanza	citizenship
i diritti e i doveri	rights and responsibilities
la coscienza civica/il comportamento civico	civic conscience/civic behaviour
mobilitarsi per una causa	to get involved in a cause
firmare una petizione	to sign a petition
partecipare a una manifestazione	to participate in a demonstration
scendere in strada/protestare	to take to the streets/to protest
fare il proprio dovere civico	to do your civic duty
rispettare la legge/la Costituzione italiana	to respect *or* to obey the law/the Italian Constitution
pagare le tasse/le imposte	to pay taxes/social security contributions
difendere il Paese in caso di minaccia	to defend the country in case of a threat (from an enemy)

In Italia, si diventa maggiorenni a 18 anni, l'età in cui si può votare.
— In Italy, you come of age at 18 years old, when you can vote.

In Italia, in tutte le scuole **si insegna** l'Educazione Civica allo scopo di formare cittadini responsabili.
— In Italy, Civic Education **is taught** in all schools with the aim of forming responsible citizens.

Il Servizio civile universale svolto in Italia offre a tutti i giovani tra i 18 e i 28 anni l'opportunità di fare un anno di lavoro a favore dell'interesse pubblico, **il che mi** sembra molto interessante.
— The 'Servizio civile universale' in Italy offers everyone between the ages of 18 and 28 the opportunity to do a year of public service work, **which** seems very interesting **to me**.

Organizzazioni sociali

4

La vita politica / Political life

il diritto di voto	right to vote
il suffragio universale	universal suffrage
l'elettore *o* l'elettrice/l'elettorato	voter/voters *or* the electorate
le elezioni amministrative/regionali/politiche/presidenziali	municipal/regional/political/presidential elections
un partito politico (di centro/di destra/di sinistra)	political party (of the centre/right/left)
un partito di estrema destra/sinistra	party of the extreme right/left
la campagna elettorale	election campaign
le liste elettorali	electoral rolls
il giorno delle elezioni/la giornata elettorale	ballot day
il seggio elettorale	polling station
la tessera elettorale	voting card
la scheda elettorale	ballot paper
lo scrutinio	counting of votes
il parlamento/la Camera dei deputati/il Senato della Repubblica	parliament/Chamber of Deputies (of Italy)/Senate of the Republic (of Italy)
i parlamentari/i deputati/i senatori	members of Parliament/of the Chamber of Deputies/of the Senate of the Republic
i ministri/il ministero/il governo/il Presidente del Consiglio dei ministri	ministers/ministry/government/prime minister (*literal: President of the Council of ministers*)
votare/votare scheda bianca/votare scheda nulla/invalidare *o* annullare il voto/astenersi	to vote/to cast a blank ballot/to cast a null ballot/to spoil your vote/to abstain
essere politicizzati	to be politicized
essere membri di un partito politico	to be a member of/to belong to a political party
candidarsi alle elezioni	to stand for election/to run for office
fare sentire la propria voce	to make your voice heard
militare in un'organizzazione politica/in un partito politico	to be active within a political party/in a political organization

* L'astensionismo tra i giovani è molto elevato perché **non si sentono rappresentati** dalle istituzioni politiche.

  The abstention rate among young people is very high because **they do not feel represented** by political institutions.

* **Sarebbe auspicabile** estendere il diritto di voto ai sedicenni per rendere i giovani più partecipi alla vita politica del Paese?

  Would it be better to lower the voting age to 16, to make young people more involved in the political life of the country?

E L'istruzione

La scuola	School
la scuola pubblica *o* statale/privata *o* paritaria	state/private school
l'aula (di musica)	(music) classroom
il dipartimento (di lingue)	(language) department
il laboratorio informatico/scientifico/linguistico	computer/science/language lab
la biblioteca	library
il campo sportivo/le strutture sportive	sports field/sports facilities
la mensa/il refettorio	canteen/dining hall
la segreteria	reception/secretaries' office
la sala insegnanti	staff room
il collegio/il convitto	boarding school
gli alunni/le alunne	pupils
gli studenti/le studentesse	students
i convittori/i semiconvittori	boarders/day students
i compagni di classe/di scuola	classmates/schoolmates
i rappresentanti degli studenti	student representatives/school prefects
il/la preside/il dirigente scolastico	head *or* headteacher *or* principal
gli/le insegnanti	teachers
i maestri/le maestre	primary school teachers
i professori/le professoresse	secondary school teachers
il/la bidello(-a)	school janitor
il registro di classe	class register
la pagella	school report
andare bene/andare male a scuola/in una materia	to be good/to be bad at school/at a subject
prendere dei buoni/brutti voti	to get good/bad grades
prendere una nota/una punizione	to get a written remark/a punishment *or* imposition
essere *o* venire promossi/essere *o* venire bocciati	to pass/to fail the school year
Frequento una scuola internazionale e gli studenti vengono da tutto il mondo.	I attend an international school and the students come from all over the world.
È una scuola per ragazzi/per ragazze/mista con circa 1000 studenti.	It is a boys'/girls'/co-educational school with about 1000 students.
La mia scuola si trova in una zona molto bella circondata da molto verde.	My school is located in a pleasant setting with a lot of green spaces.
È una scuola prestigiosa con una reputazione eccellente.	It is a prestigious school which has an excellent reputation.
Gli edifici sono vecchi, ma le classi sono spaziose, luminose e ben fornite/attrezzate.	The buildings are old, but the classrooms are large, bright, and well-equipped.
I professori sono molto severi ma giusti e le lezioni sono interessanti.	The teachers are quite strict but fair and the lessons are interesting.
L'uso dei telefoni cellulari è proibito in classe e **penso che** questo **sia** giusto.	Mobile phones are forbidden in class, and **I think** that **is** fair.
Dobbiamo portare *o* indossare la divisa scolastica, che trovo pratica/comoda/scomoda/brutta.	We have to wear a school uniform, which I find convenient/comfortable/uncomfortable/ugly.
In Italia, l'anno scolastico inizia a metà settembre e finisce ad inizio giugno, quindi gli studenti italiani hanno tre mesi di vacanza durante l'estate.	In Italy, the school year starts in mid-September and finishes in early June, so Italian students have three months of holiday *or* vacation during the summer.

Organizzazioni sociali

4

Una tipica giornata a scuola	A typical school day
l'orario (scolastico)	(school) timetable
la ricreazione *o* l'intervallo/la pausa pranzo	school break/lunch break
le attività extracurriculari	extra-curricular activities
arrivare a scuola in orario/puntuali/in ritardo	to arrive at school on time/punctually/late
fare l'appello	to take the register
insegnare	to teach
prendere appunti	to take notes
fare una domanda/rispondere a una domanda	to ask a question/to answer a question
essere attenti a/stare attenti a/fare attenzione a	to pay attention to
alzare la mano	to raise one's hand
capire/comprendere/intendere	to understand
conoscere/sapere/imparare a memoria	to know/to know (*facts or information*)/to learn by heart
imparare/apprendere	to learn
fare i compiti	to do homework
studiare/ripassare/prepararsi per un'interrogazione	to study/to revise/to prepare for an oral test *or* exam
copiare	to cheat
fare un esame/fare una verifica *o* un test (di fine quadrimestre/di fine anno)	to do an exam/to do an (end-of-term/end-of-year) test
fare un controllo di vocabolario	to do a vocabulary test
correggere	to mark/to correct/to grade
uscire in cortile al suono della campanella	to go out into the playground/yard when the school bell rings

A scuola studio/faccio ...	In school I study/I do ...
... italiano/inglese/francese/spagnolo/tedesco/cinese mandarino/russo/giapponese/latino/greco (antico).	... Italian/English/French/Spanish/German/Mandarin Chinese/Russian/Japanese/Latin/(Ancient) Greek.
... storia/filosofia/geografia/economia/politica/psicologia.	... history/philosophy/geography/economics/politics/psychology.
... matematica/fisica/biologia/chimica/le scienze/informatica/sistemi ambientali e società/scienze dello sport.	... maths/physics/biology/chemistry/sciences/computer science/environmental systems and societies/sports sciences.
... musica/teatro/arti visive.	... music/drama/visual arts.
Come parte del Baccalaureato internazionale, seguo lezioni di teoria della conoscenza, faccio ricerche per il saggio esteso e lavoro al mio progetto CAS.	As part of the IB, I attend theory of knowledge classes, conduct research for the extended essay, and work on my CAS project.
Ho tre ore di educazione fisica alla settimana, **che** adoro perché sono molto sportivo/a.	I have three hours of PE (physical education) per week, **which** I like as I'm very sporty.
La mia materia preferita è/La materia **che mi interessa di più** è la storia perché la trovo appassionante e mi piace conoscere il passato.	My favourite subject is/The subject **that interests me the most** is history because I find it fascinating, and I like knowing the past.
La materia **che trovo più facile**/**difficile**/**noiosa** è la biologia perché l'insegnante spiega/non spiega bene.	The subject **that I find the easiest**/**most difficult**/**most boring** is biology because the teacher teaches/doesn't teach well.
La materia **in cui sono più bravo(-a)**/**per cui sono più portato(-a)** è l'inglese perché adoro leggere.	The subject **I am strongest**/**most talented in** is English because I love reading.

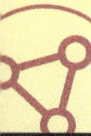

4 Organizzazioni sociali

Mi piacciono tantissimo le lingue straniere dato che mi piace conoscere nuove culture, ma **preferisco** lo spagnolo **al** francese perché la professoressa di spagnolo è molto brava e simpatica.	I really like foreign languages because I enjoy learning about new cultures, but **I prefer** Spanish **over** French because the Spanish teacher is very good and friendly.
Nella mia scuola le lezioni durano 50 minuti con 5 minuti di pausa tra una lezione e l'altra.	In my school each class lasts 50 minutes with 5 minutes between each class and the next.
In Italia, generalmente la scuola comincia alle 8 e finisce verso le 13. Gli studenti italiani spesso tornano a casa per pranzo e vanno a scuola il sabato.	In Italy, classes generally start at 8am and end around 1pm. Italian students often go back home for lunch and attend school on Saturdays.
Qui la giornata inizia con una preghiera nella cappella della scuola/un'assemblea nell'aula magna.	Here, the day begins with a prayer in the school's chapel/an assembly in the main hall.
Tre volte alla settimana, faccio ripetizioni di matematica perché sono negato(-a) per questa materia.	Three times a week, I have private lessons in maths because I'm really weak in that subject.

Il sistema scolastico italiano / The Italian school system

l'asilo nido	nursery school (*0 to 3 years old*)
la scuola materna/la scuola dell'infanzia/l'asilo	nursery school (*3 to 6 years old*)
la scuola primaria *o* elementare/media/superiore	primary *or* elementary/middle/secondary *or* high school
il liceo (classico, scientifico, linguistico, artistico, delle scienze umane, ecc.)/l'istituto tecnico/l'istituto professionale	academic secondary school (*with various specialisms*)/technical high school/vocational high school
il diploma di scuola media inferiore	lower secondary school diploma (*at age 14*)
il diploma di Esame di Stato/il diploma di maturità (fam)	Italian higher secondary school diploma (*at age 18 to 19*)
l'insegnamento/la scolarizzazione	teaching *or* education/schooling
la materia (scolastica) obbligatoria/facoltativa	compulsory/optional (school) subject
la didattica a distanza (DAD)/in presenza	remote/face-to-face learning
scrivere un tema	to write an essay
lavorare sodo/duramente	to work hard
fare una sgobbata per una prova *o* una verifica (fam)	to cram for a test
saltare la scuola/marinare la scuola (fam)	to skip a class/to bunk off school
il tasso di abbandono scolastico/di dispersione scolastica	school dropout rate
Non sono favorevole agli esami perché non riflettono sempre il lavoro svolto durante l'anno.	I am not in favour of examinations because they are not always representative of the work done during the year.
Non c'è alcun dubbio/**È indubbio che** una buona istruzione **possa** aprire molte porte.	**There is no doubt that** having a good education **can** open many doors.
Bisogna lottare contro l'analfabetismo e l'assenteismo scolastico, che spesso portano all'emarginazione sociale.	We must fight against illiteracy and dropping out of school, which often lead to social exclusion.
* **È necessario che** i governi **investano** di più nell'istruzione, poiché è uno strumento utile per combattere le disuguaglianze sociali.	**It is necessary** that governments **invest** more in education, as it is a useful tool for fighting social inequalities.

Organizzazioni sociali

Cosa fare dopo la scuola? — What can you do after school?

andare all'università/iscriversi alla facoltà di Lettere e Filosofia/al corso di laurea in Ingegneria	to go to university *or* to college/to enrol in the Humanities faculty/in the degree course *or* major of Engineering
proseguire gli studi	to continue with your studies
dare/fare/sostenere un esame	to take an exam
essere promosso(-a) *o* passare *o* superare un esame/un concorso	to pass an exam/a public exam
essere bocciato(-a) a un esame/un concorso	to fail an exam/a public exam
laurearsi in/prendere una laurea in Medicina (con lode)	to obtain a degree/to graduate in Medicine (with a first)
fare uno stage/un tirocinio/un apprendistato	to do a work placement/an internship/an apprenticeship
fare/avere un lavoretto (estivo)	to do/to have casual work *or* a (summer) job
lavorare **come** …	to work **as** …
cameriere(-a)/barista/commesso(-a)/cassiere(-a)/receptionist/bagnino(-a)/animatore(-trice)/babysitter/ragazzo(-a) alla pari	a waiter *or* waitress/a barista/a sales assistant/a checkout assistant/a receptionist/a lifeguard/a youth leader/a babysitter/an au pair
lavorare **in** un magazzino/un call center	to work **in** a warehouse/a call centre
Ho intenzione di prendere un anno sabbatico/di pausa **dopo aver ottenuto** il mio diploma di Baccalaureato internazionale per viaggiare e lavorare.	I plan to take a sabbatical/gap year **after getting** my IB Diploma to travel and work.
Non è semplice conciliare gli studi con un lavoro, ma in questo modo non devo sempre chiedere soldi ai miei genitori.	It is not easy to balance studies with a job, but this way, I don't always have to ask my parents for money.

L'università — University

l'anno accademico	academic year
l'ateneo	university/college/athenaeum
la laurea triennale/magistrale/il dottorato di ricerca/il master universitario	bachelor's degree/master's degree/PhD/post-degree specialization course
il corso di laurea ad accesso libero/programmato *o* a numero chiuso	degree programme with open admission/with limited enrolment
la prova/il test/l'esame di ammissione/di accesso/di ingresso	university admissions test
il/la (neo)laureato(-a)	(recent) graduate
fare domanda di borsa di studio	to apply for a grant/scholarship
scrivere/preparare/discutere la tesi (di laurea/di dottorato)	to write/to prepare/to defend the thesis/the viva (for PhD)
Ciò che mi spaventa dell'università è l'aspettativa di dover essere autonomi, mentre io ho bisogno di essere motivato(-a) a lavorare!	What scares me about university is that we are expected to be self-reliant, and I need to be pushed to work!

F Il posto di lavoro

I lavori/mestieri — Jobs

lavorare come insegnante *o* fare l'insegnante/essere un/un' insegnante	to work as a teacher/to be a teacher
i colleghi (di lavoro)	(work) colleagues
l'orario di lavoro	working hours
lo stipendio/il salario/la rimunerazione	salary/wages/pay
il posto di lavoro	workplace
le responsabilità	responsibilities
l'annuncio/l'offerta di lavoro	job advertisement/offer
cercare lavoro	to look for a job
candidarsi per un lavoro	to apply for a job
inviare il curriculum (vitae)/una lettera di presentazione *o* di motivazione	to send a CV/a cover letter
sostenere/fare un colloquio di lavoro	to attend a job interview
trovare lavoro	to get a job
assumere/essere assunto	to hire/to be hired
firmare il contratto (di lavoro)	to sign the (employment) contract
ottenere una promozione	to be promoted
lavorare **in** un ufficio/una fabbrica/uno studio legale/una clinica	to work **in** an office/a factory/a legal firm/a clinic
lavorare **da** casa/**da** remoto	to work **from** home/remotely
lavorare **per** un'azienda/ditta/compagnia/società che si chiama …	to work **for** a company which is called …
avere un lavoro ben pagato/remunerato	to have a well-paid job
Vorrei lavorare nel mondo accademico come ricercatore(-trice).	I would like to work in academia as a researcher.
Quando ero piccolo(-a), volevo diventare un/un' astronauta.	When I was little, I wanted to be an astronaut.
Mi piacerebbe fare carriera diplomatica.	I would like to have a career in diplomacy.
Mio padre/Mia madre **vorrebbe che diventassi** medico come lui/lei.	My father/My mother **would like me to be** a doctor like him/her.

Le condizioni di lavoro — Working conditions

un lavoro a tempo pieno/parziale *o* part-time	full-time/part-time job
un lavoro con contratto a tempo indeterminato/determinato/saltuario/occasionale	permanent/fixed-term/occasional/casual employment
fare gli straordinari/fare i turni	to do overtime/to do shift work
essere occupato(-a)/disoccupato(-a)	to be employed/unemployed
Gli impiegati/I lavoratori sono sottopagati/sfruttati.	Employees/Workers are underpaid/exploited.
Il tasso di disoccupazione giovanile in Italia è molto alto, in particolare nelle regioni del Sud.	The unemployment rate for youth in Italy is very high, especially in the southern regions.
Molte persone non guadagnano abbastanza con il loro lavoro e sono costrette ad arrotondare facendo lavoretti.	Many people don't earn enough money, so they have to supplement their income by doing odd jobs/some work off the books.
Saper parlare una o più lingue straniere è un vantaggio quando si cerca lavoro.	**Being able to speak** one or more foreign languages is an asset when looking for a job.

4 Organizzazioni sociali

Il mondo del lavoro — The world of work

gli affari	business
il capo/il/la datore(-trice) di lavoro	boss/employer
il personale/i dipendenti	staff/personnel
le competenze richieste/l'esperienza necessaria	skills required/necessary experience
l'incarico/la mansione	responsibility *or* assignment/task *or* duty
il posto fisso	permanent/steady job
il settore pubblico/privato	public/private sector
il/la lavoratore(-trice) dipendente/autonomo(-a)	employee/self-employed *or* freelance
il/la libero(-a) professionista	independent professional
il lavoro precario/il precariato	temporary work/job insecurity
il lavoro temporaneo/interinale	temporary work
il premio *o* bonus di fine anno/la tredicesima	end-of-year bonus/extra month's bonus (*literal: 13th month's pay*)
l'aumento salariale/di stipendio/in busta paga	salary/pay/pay increase (*literal: more money on your payslip*)
guadagnarsi da vivere	to earn a living
trovare la propria strada	to find your own path
impegnarsi (al massimo)	to apply *or* commit yourself (to the maximum) *or* to work really hard
essere un/una gran lavoratore(-trice)	to be a hard-working *or* a good worker
maturare/acquisire esperienza lavorativa	to gain/to acquire professional experience
ricoprire una posizione/un ruolo di responsabilità	to hold a position/a role of responsibility
andare in pensione/essere in pensione *o* essere pensionati	to retire/to be retired
prendere un congedo di maternità/paternità/per malattia	to take maternity/paternity/sick leave
essere *o* venire licenziati (in tronco)/essere messi alla porta (fam)	to be made redundant (on the spot)/to be sacked
dare le dimissioni/dimettersi/licenziarsi	to resign
fare sciopero/scioperare	to go on strike
In tempo di crisi molte persone lavorano in nero.	In times of crisis, many people work off the books.
Non è sempre facile per i giovani entrare nel mercato del lavoro, poiché non hanno molta esperienza.	It is not always easy for young people to enter the labour market **since** they have little experience.
* **Vorrei guadagnarmi da vivere** facendo un lavoro che sia utile agli altri e gratificante per me perché non riuscirei mai a fare un lavoro solo per timbrare il cartellino. (id)	**I would like to earn a living** by doing a job that is useful to others and rewarding for me because I could never do a job just to clock in (*literal: just to punch the timecard*).
* Personalmente, **mi piacerebbe avviare un'attività** tutta mia e diventare un/un' imprenditore(-trice) di successo.	Personally, **I would like to start my own business** and become a successful entrepreneur.

G Le questioni sociali

I problemi dei giovani
I problemi legati alla famiglia e alla scuola

	Youth problems
	Family- and school-related problems
il rapporto conflittuale con i genitori	confrontational relationships with parents
il divario generazionale	generation gap
il fallimento/il successo scolastico	failure/success in school
lo stress degli esami	stress of exams
avere paura del futuro	to be afraid of the future
Molti giovani subiscono una forte pressione da parte dei genitori e non sono liberi di pensare con la propria testa.	Many young people experience strong pressure from their parents and are not free to think for themselves.

I problemi legati alla salute fisica e mentale / Physical and mental health issues

i problemi di peso/l'obesità/il sovrappeso	weight problems/obesity/overweight
la mancanza di stima/di fiducia in se stessi	lack of self-esteem/of self-confidence
l'autolesionismo	self-harm
avere un'immagine negativa del proprio corpo	to have a negative image of your body
avere/soffrire di crisi di panico	to have/to suffer from panic attacks
essere depressi/soffrire di depressione	to feel depressed/to suffer from depression
Lo stress e l'ansia sono delle emozioni difficili da gestire.	Stress and anxiety are difficult emotions to manage.
Volere a tutti i costi cercare di assomigliare ai modelli irraggiungibili proposti dai social media può avere un impatto negativo sulla salute mentale.	Trying at all costs to resemble the unattainable models proposed by social media can have a negative impact on mental health.

I comportamenti a rischio / High-risk behaviour

la delinquenza giovanile	juvenile delinquency
i problemi di dipendenza	dependency/addiction issues
frequentare cattive compagnie	to hang out with the wrong crowd
Alcuni giovani assumono dei comportamenti a rischio quando sono ubriachi/quando sono in gruppo.	Some young people take risks when they are drunk/when they are in a group.

I problemi legati all'identità / Identity issues

l'orientamento sessuale/l'identità di genere	sexual orientation/gender identity
i pregiudizi/gli stereotipi	prejudice/stereotypes
uniformarsi *o* conformarsi al gruppo	to conform to the group
cedere/resistere alla pressione del gruppo	to give in to/to resist peer group pressure
non poter esprimere la propria opinione	to not be able to give your opinion
non avere diritto/libertà di parola	to not be allowed to speak up
Non è sempre facile venire accettati per come si è.	It's not always easy to be accepted as you are.

Organizzazioni sociali

L'esclusione sociale / Social exclusion

la discriminazione razziale/sessuale/religiosa/sociale	racial/sexual/religious/social discrimination
la perdita del lavoro	losing your job
la mancanza di istruzione/opportunità di lavoro	lack of education/job opportunity
lo sfruttamento (minorile/della manodopera)	exploitation (of juveniles/of labour)
avere difficoltà economiche/finanziarie	to struggle/to have a hard time (financially)
sentirsi isolati/esclusi/rifiutati	to feel isolated/excluded/rejected
cadere in povertà/finire in povertà/perdere tutto	to fall into poverty/to end up in poverty/to lose everything
vivere per strada/mendicare *o* chiedere l'elemosina	to live on the street/to beg
lottare contro le disuguaglianze	to fight against inequality
mostrare solidarietà verso chi è meno fortunato	to show solidarity towards those who are less fortunate
raccogliere fondi/cibo/vestiti	to collect money/food/clothes
partecipare a delle campagne di sensibilizzazione	to take part in awareness campaigns
In Italia la Caritas offre gratuitamente un pasto caldo alle persone bisognose.	In Italy, the charitable organization Caritas provides free hot meals to people in need.
Si può lottare contro l'esclusione sociale …	We can fight against exclusion …
… **rendendo** le strade e gli edifici più accessibili alle persone con disabilità.	… **by making** streets and buildings more accessible to people with a disability.
… **costruendo** più alloggi popolari per le famiglie in difficoltà economiche.	… **by building** more social housing for people on low wages.
… **sostenendo** il commercio equosolidale che permette di migliorare le condizioni di vita dei produttori nei Paesi poveri.	… **by supporting** fair trade which improves the living conditions of producers in poor countries.

H La legge e l'ordine

L'ordine pubblico	Public order
l'intimidazione/l'estorsione	intimidation/extortion
il regolamento/la regola/la norma/la normativa	rule/regulation
il divieto/l'obbligo	ban/obligation *or* requirement
il vandalismo	vandalism/hooliganism
il furto (d'identità)	(identity) theft
la rapina (a mano armata)	(armed) robbery
l'utilizzo illecito di dati	fraudulent use of data
la clonazione della carta di credito	credit card cloning
il traffico di droga *o* di stupefacenti/di esseri umani	drug/human trafficking
la molestia sessuale/l'aggressione sessuale	sexual harassment/sexual assault
lo stupro/stuprare	rape/to rape
la violenza domestica/sessuale	domestic/sexual violence
un omicidio (premeditato/non premeditato)	homicide (first-degree murder/manslaughter)
un attentato/un atto terroristico/una sparatoria	bomb attack/act of terrorism/shooting
mettere una bomba	to plant a bomb
la radicalizzazione/l'estremismo (religioso)	radicalization/(religious) extremism
le proteste/le rivolte	riots
il/la criminale/il/la delinquente	criminal/offender
il/la ladro(-a)/l'assassino(-a)	thief/killer
il boss mafioso/il/la camorrista/il/la pentito(-a) (di mafia)	mafia boss/member of the Camorra (*a criminal organization based in Naples, Italy*)/(mafia) informer
il/la detenuto(-a)/il/la prigioniero(-a)	inmate/prisoner
il tribunale/il processo	court/trial
le forze dell'ordine/la polizia/i vigili (urbani)/i carabinieri	police *or* law enforcement agencies/national police/municipal police/the Carabinieri (*a branch of the Italian armed forces that serves as a military and national police force*)
la stazione di polizia *o* il commissariato	police station
la magistratura/il magistrato/il giudice/il pubblico ministero	the judiciary *or* magistrature/magistrate/judge/public prosecutor
il penitenziario/il carcere *o* la prigione	penitentiary facility/prison
la libertà vigilata/gli arresti domiciliari	probation/house arrest *or* home detention
prendere/pagare una multa	to get/to pay a fine
infrangere la legge	to break the law
commettere un'infrazione/una frode/un reato	to commit an offence/fraud/a crime
interrogare un/un' indagato(-a) *o* un/una sospettato(-a)	to interrogate *or* question a suspect
arrestare il/la colpevole	to arrest the culprit

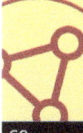

Organizzazioni sociali 4

condannare (a morte)/la pena di morte	to sentence (to death)/death penalty
essere condannati a due anni di carcere/all'ergastolo	to be sentenced to two years in prison/to life imprisonment
scontare una pena di cinque anni/ricevere una condanna	to serve a five-year sentence/to receive a sentence
subire un'aggressione/essere *o* venire aggrediti (per strada)	to be assaulted/to be attacked (on the street)
rapinare una banca	to rob a bank
essere colpevole/innocente/assolti	to be guilty/innocent/acquitted
essere presi *o* colti in flagrante/con le mani nel sacco (id)	to be caught red-handed/with your hand in the cookie jar (*literal: with your hands in the bag*)

* **Sono dell'opinione che** il carcere non **debba** soltanto punire i criminali, ma che debba anche supportarli a reintegrarsi nella società.

I am of the opinion that prison **should** not only punish criminals but should also support them in reintegrating into society.

Il sovraffollamento delle carceri è, ad oggi, uno dei principali problemi del sistema penitenziario italiano a cui si fatica a trovare una soluzione.

The overcrowding of prisons is, to this day, one of the main problems of the Italian penal system, for which finding a solution is challenging.

Condividere il pianeta

A Il clima

Cha tempo fa? — What's the weather like?

fa bello/brutto/caldo/un caldo torrido/freddo	it (*or* the weather) is nice/bad/hot/scorching hot/cold
è afoso/nuvoloso/coperto/grigio/ventoso/ghiacciato	it is muggy/cloudy/overcast/grey/windy/icy
c'è afa/vento/ghiaccio	it is muggy/windy/icy
c'è il sole/la nebbia/la foschia/la neve/l'arcobaleno	it is sunny/foggy/misty/snowy/there is a rainbow
c'è un temporale/una tromba d'aria/un tornado/un uragano	there is a thunderstorm/a tornado/a tornado/a hurricane
ci sono le nuvole/ci sono lampi e tuoni	there are clouds/there's lightning and thunder
ci sono 35 gradi/meno 6 gradi/10 gradi sotto zero	it's 35 degrees/minus 6 degrees/10 degrees below zero
piove/pioviggina/piove a dirotto/diluvia/piove a catinelle (id)	it's raining/it's drizzling/it's pouring/it's pouring down/it's raining cats and dogs (*literal: it's raining buckets*)
nevica/c'è un po' di nevischio/c'è una tormenta *o* una bufera di neve	it's snowing/there's some sleet/there's a snowstorm
gela	it's icy
grandina	it's hailing
tira vento	it's windy
Oggi il cielo è azzurro e non c'è neanche/nemmeno una nuvola.	Today the sky is blue and there isn't a cloud in sight.
Stanotte il cielo è sereno e si vedono la luna e le stelle.	Tonight, the sky is clear, and the moon and stars are visible.
D'estate, in riva al mare, c'è sempre una leggera brezza/un bel venticello.	In summer, by the seaside, there is always a light breeze.
Quando fa molto caldo, sto all'ombra.	When it's very hot, I stay in the shade.
Quando fa freddo, bisogna coprirsi bene.	When it's cold, you must wrap up well.
L'acquazzone di ieri sera ha allagato tutte le strade del quartiere.	Yesterday evening's downpour flooded all the streets in the neighbourhood.
Oggi c'è stata una nevicata abbondante con grandi fiocchi di neve.	Today there was a heavy snowfall with large snowflakes.
Quando ero in vacanza, faceva molto freddo e pioveva tutti i giorni.	When I was on holiday, it was very cold, and it rained every day.
Verso la fine dell'estate comincia a fare fresco la sera.	Towards the end of summer, it starts to get chilly in the evenings.
Oggi è stata una giornata caldissima, ma stasera fa un bel **fresco** e finalmente si respira.	Today has been a very hot day, but tonight it's nice and **cool**, and at last, it's easier to breathe.
D'inverno in montagna **si gela**!	In winter, **it's freezing** in the mountains!
Ieri faceva troppo freddo/caldo **per** uscire.	Yesterday was too cold/too hot **to** go out.

A-Z for Italian AB/B (published by Elemi)

Spero che oggi il tempo **sia** bello.	**I hope** the weather **will be** nice today.
Il cielo tuona minaccioso, credo si stia avvicinando un temporale.	The sky is thundering ominously, **I think** a storm **is** approaching.
Trovo che camminare sotto la pioggia **abbia** il suo fascino.	**I find that** walking in the rain **has** its charm.
* **Se fa** bello, **possiamo** andare a fare una passeggiata.	**If the weather is** nice, **we can** go for a walk.
* **Se facesse** più caldo, **potremmo** andare in spiaggia.	**If it was** warmer, **we could** go to the beach.
* **Se** il tempo **fosse stato** bello, **avremmo potuto** andare al mare.	**If the weather had been** nice, **we could have** gone to the seaside.
C'è un tempo da lupi! (id)	The weather is awful! (*literal: It's weather for wolves!*)
Fa un freddo cane! (id)	It's freezing cold! (*literal: It's dog cold!*)
Fa un caldo da morire! (id)	It's boiling hot! (*literal: It's so hot you could die!*)

Le previsioni del tempo — The weather forecast

il (bollettino) meteo	weather report
una perturbazione	weather disturbance
condizioni stabili/variabili	stable/changing conditions
temperature basse/elevate per la stagione	low/high temperatures for the season
temperature invernali/estive	winter/summer temperatures
la temperatura è alta *o* elevata/in aumento *o* in rialzo/bassa/in diminuzione *o* in calo	the temperature is high/rising/low/is dropping
un'ondata di caldo	a heatwave
Domani ci sarà il sole sulla maggior parte dell'Italia.	Tomorrow there will be sunshine over most of Italy.
Ci saranno dei rovesci isolati sulle Alpi.	There will be isolated showers in the Alps.
Il vento soffierà a circa 120 km orari nel nord-est dell'Italia e in particolare nella zona di Trieste.	The wind will blow at around 120 km per hour in the northeast of Italy, particularly in the Trieste area.
La giornata sarà calda e soleggiata su tutta la penisola.	The day will be hot and sunny across the entire peninsula (Italy).
D'estate, **si dovrebbe** evitare di esporsi al sole durante le ore più calde per ridurre il rischio di un colpo di sole.	In summer, **you should** avoid exposure to the sun during the hottest hours to reduce the risk of sunstroke.
Non dimenticate l'ombrello oggi!	**Don't forget** your umbrella today!
Fate attenzione alle raffiche di vento!	**Beware** of gusts of wind!
Evitate di uscire se possibile, viste le condizioni meteo.	**Avoid** going out, if possible, given the weather conditions.

5 Condividere il pianeta

Il clima della mia regione/del mio Paese	The climate of my region/country
un clima caldo/freddo/continentale/mediterraneo/temperato/tropicale/umido/arido/secco/desertico/montano/alpino/polare	hot/cold/continental/Mediterranean/temperate/tropical/humid/arid/dry/desert/mountainous/alpine/polar climate
un microclima	microclimate
la stagione delle piogge/dei monsoni	rainy/monsoon season
riscaldarsi/rinfrescarsi	to warm yourself up/to cool yourself down
proteggersi dal freddo/dal caldo/dal sole/dal vento	to protect yourself from the cold/the heat/the sun/the wind
ripararsi dalla pioggia	to shelter from the rain
Ogni regione del mio Paese ha un clima diverso.	Each region of my country has a different climate.
Il tempo varia a seconda della stagione.	The weather varies according to the season.
Non ci sono più le mezze stagioni!	There aren't any real seasons any more!
La mia regione è nota per essere **la più** piovosa/secca del Paese.	My region is known for being **the** wett**est**/dri**est** in the country.
In inverno, le temperature non vanno mai sopra lo zero.	In winter, the temperatures never get above zero degrees.
Il clima influenza le nostre abitudini, per esempio nei Paesi caldi si trascorre più tempo all'aperto/fuori, **mentre** nei Paesi freddi si tende a rimanere di più in casa.	The climate influences our habits, for example in hot countries, people spend more time outdoors, **while** in cold countries, they tend to stay indoors more.
* Il periodo ideale per visitare una città d'arte in Italia è la primavera o l'autunno, quando **non** fa **né** troppo caldo **né** troppo freddo.	The ideal time to visit a city of artistic interest in Italy is in spring or autumn, when it's **neither** too hot **nor** too cold.
* **Il** periodo **migliore** per esplorare la mia regione è da aprile a giugno o da settembre a ottobre, quando il clima è mite e piacevole e non piove troppo.	**The best** time to explore my region is from April to June or from September to October, when the weather is nice, and it doesn't rain too much.
* **Il** periodo **peggiore** per venire qui è l'inverno, quando le giornate sono corte e fa veramente freddo.	**The worst** time to come here is in winter when the days are short, and the weather is freezing.

B La geografia fisica

Il paesaggio	Landscape
un Paese/uno stato/una nazione	country/state/nation
un continente	continent
un'isola	island
un arcipelago	archipelago
il mare/l'oceano	sea/ocean
una spiaggia/una baia	beach/bay
la costa	coast
un lago	lake
un fiume/un ruscello/un torrente	river/stream/torrent
una cascata	waterfall
una valle	valley
una pianura	plain
una collina	hill
una montagna *o* un monte	mountain
un ghiacciaio	glacier
una catena montuosa	mountain range
la vetta/la cima della montagna *o* del monte	the summit/the peak of the mountain
una foresta/un bosco	forest/wood
un prato	meadow
un deserto	desert
una duna (di sabbia)	(sand) dune
un vulcano (attivo/inattivo)	(active/extinct) volcano
una grotta	cave
la riva/l'onda/il fondale/gli scogli	shore/wave/seabed/rocks
La mia regione si trova a nord/a sud/a est/a ovest/al centro del Paese.	My region is located in the north/in the south/in the east/in the west/in the centre of the country.
Abito in una regione montuosa/collinare/vulcanica/desertica/densamente popolata/scarsamente popolata.	I live in a mountainous/hilly/volcanic/desert/densely populated/sparsely populated region.
È una regione in prevalenza agricola/industriale.	It is a mainly agricultural/industrial region.
Il mio Paese non ha accesso al mare/è senza sbocco sul mare, ma ci sono molti corsi d'acqua.	My country has no access to the sea/is landlocked, but there are many watercourses.
Amo vivere in questa zona perché si possono ammirare dei paesaggi/dei panorami magnifici.	I love living in this area because you can admire amazing landscapes/views.
Ci sono campi (di grano)/risaie/vigneti/frutteti a perdita d'occhio. (id)	There are (wheat) fields/rice fields/vineyards/orchards as far as the eye can see (*literal: to the loss of sight*).

C L'ambiente rurale e urbano

See page 53, Chapter 4 *Organizzazioni sociali*, *Dove abito*, *Vivere in città o in campagna?*, for Ab Initio vocabulary on this topic.

La vita in campagna / Country life

un ritmo di vita più calmo/lento	a calmer/slower pace of life
il costo della vita più basso/economico	lower/cheaper cost of living
una bassa/alta densità abitativa	low/high density of inhabitants
la carenza di opportunità lavorative	lack of job opportunities
il declino del settore primario (agricoltura, allevamento, pesca)	the decline of the primary sector (agriculture, livestock, fishing)
la mancanza di trasporti pubblici	lack of public transport
una scarsa copertura internet/il segnale wi-fi debole	poor internet coverage/weak Wi-Fi signal
sentirsi parte di una comunità	to feel part of a community
Vivere in campagna avvicina alla natura e aiuta a dimenticare il trambusto cittadino.	Living in the countryside brings you closer to nature and helps you forget the hustle and bustle of the city.
* **Penso che** vivere in campagna **sia** molto rilassante, dato che gli unici rumori che si sentono sono i suoni della natura, come il cinguettio degli uccelli e il fischiare del vento tra gli alberi.	**I think that** living in the countryside **is** very relaxing, since the only sounds you hear in the countryside are those of nature, like the chirping of birds and the whistling of the wind through the trees.

La vita in città / City life

un migliore accesso a tutti i servizi, inclusi quelli medici	better access to all services, including medical ones
una scena culturale e artistica vivace	a vibrant cultural and artistic scene
il potenziamento delle zone pedonali	the enhancement of pedestrian areas
I negozi e le strutture per il tempo libero sono a portata di mano. (id)	Shops and leisure facilities are within easy reach (*literal: at hand's reach*).
In città, la connessione a internet è più veloce e in molte zone è disponibile l'accesso gratuito alla rete wi-fi.	In the city, the internet connection is faster, and free Wi-Fi access is available in many areas.
Spostarsi durante le ore di punta può essere davvero complicato a causa del traffico.	Getting around during peak hours can be really challenging due to the traffic.
Si assiste alla ghettizzazione di alcuni quartieri.	We are witnessing the ghettoization of certain neighbourhoods.
In città, a volte è difficile trovare abitazioni a prezzi accessibili.	In the city, it is sometimes difficult to find affordable housing.
Nelle grandi città come Milano, il caro affitti è un problema crescente, soprattutto per i giovani.	In large cities like Milan, the high cost of rent is an increasing problem, especially for young people.
Le statistiche indicano che molte persone che vivono in città trovano il ritmo di vita urbano troppo stressante.	The statistics indicate that many city dwellers find the urban pace of life too stressful.
Studi recenti rivelano che molti giovani sognano di vivere in una città più a misura d'uomo.	Recent studies reveal that many young people dream of living in a more human-scaled city.

D L'ambiente

I problemi / Problems

il riscaldamento globale	global warming
il cambiamento climatico	climate change
una catastrofe/una calamità naturale	natural disaster/calamity
il degrado ambientale	deterioration of the environment
la deforestazione *o* il disboscamento	deforestation
il buco dell'ozono	hole in the ozone layer
lo scioglimento del ghiaccio artico	the melting of the Arctic ice
l'effetto serra	greenhouse effect
l'inquinamento dell'aria/dell'acqua/del suolo	air/water/soil pollution
l'inquinamento atmosferico/idrico/marino/geologico/acustico/luminoso	air/water/marine/soil/noise/light pollution
i rifiuti industriali/tossici	industrial/toxic waste
le emissioni nocive	harmful emissions
i gas di scarico	exhaust fumes
l'utilizzo di pesticidi/di fertilizzanti chimici	use of pesticides/of chemical fertilizers
l'acqua inquinata/contaminata	polluted/contaminated water
il bracconaggio	poaching
lo sfruttamento eccessivo delle risorse naturali	overexploiting of natural resources
la distruzione dell'habitat naturale/della biodiversità	destruction of the natural habitat/biodiversity
le specie/gli animali in via d'estinzione *o* a rischio di estinzione	endangered species/animals
inquinare	to pollute
Gli incendi boschivi rappresentano un grande problema nella mia zona.	Forest fires are a big problem in my area.
Ci sono sempre più inondazioni e scioglimenti dei ghiacciai a causa del surriscaldamento del pianeta.	There are more and more floods and ice melts because of global warming.
Nel Sud Italia, la siccità sta diventando un fenomeno sempre più frequente.	In Southern Italy, drought is becoming an increasingly frequent phenomenon.

I disastri naturali / Natural disasters

il terremoto/il sisma	earthquake
il maremoto/lo tsunami	tsunami (*tidal wave*)
la frana/lo smottamento	landslide
la valanga	avalanche
l'eruzione vulcanica	volcanic eruption
la carestia	famine (*starvation*)
l'epidemia/la pandemia	epidemic/pandemic
un fenomeno meteorologico di portata/violenza inaudita *o* senza precedenti	meteorological phenomenon of unprecedented magnitude/violence
una zona ad alto/ad elevato rischio sismico	a high seismic risk area
avere effetti devastanti	to have devastating effects
*** **Si è deciso di** mobilitare l'esercito per fornire assistenza alle vittime e coordinare la distribuzione dei beni di prima necessità.	**It was decided** to mobilize the army to provide assistance to the victims, and to coordinate the distribution of basic necessities.

L'impatto dell'uomo sul pianeta

l'aumento/l'innalzamento del livello dei mari

la desertificazione/l'erosione del suolo

lo sbiancamento della barriera corallina

la sovrapesca/la pesca eccessiva

L'elevata concentrazione di polveri sottili provoca picchi di inquinamento.

Non si può ignorare la minaccia rappresentata dall'energia nucleare e dai rifiuti radioattivi.

Man's impact on the planet

rise in sea level

desertification/soil erosion

coral reef bleaching

overfishing

Excessive levels in the concentration of fine particles create pollution peaks.

We cannot ignore the threat posed by nuclear energy and radioactive waste.

Un comportamento verde

Per fare la differenza, si può cominciare dalle piccole cose, per esempio possiamo …

… spegnere le luci quando non servono.

… piantare più alberi e fiori.

… fare la raccolta differenziata.

… riciclare il vetro/la carta/la plastica/le lattine.

… comprare prodotti biologici/locali.

… mangiare frutta e verdura di stagione.

… ridurre il consumo di carne da allevamento intensivo.

… fare il compostaggio in giardino.

… scegliere prodotti ecologici o amici dell'ambiente/equosolidali.

… risparmiare energia/acqua/elettricità.

… usare di più i mezzi pubblici/usare di meno la macchina.

… guidare un'auto(mobile) elettrica.

… utilizzare contenitori biodegradabili.

… installare i pannelli solari.

… usare borse di tela o un cestino ed eliminare i sacchetti di plastica.

… spegnere gli apparecchi elettrici **invece di** lasciarli in standby/con la spia accesa.

Ho intenzione di adottare uno stile di vita senza sprechi.

* Per mantenere pulite le nostre città, i rifiuti non **vanno gettati** per terra, bensì negli appositi cestini.

Eco-friendly behaviour

To make a difference, we could start with small things, for example we can …

… turn off the lights when they are not needed.

… plant more trees and flowers.

… sort waste.

… recycle glass/paper/plastic/cans.

… buy organic/local products.

… eat fruit and vegetables in season.

… reduce the consumption of meat from intensive farming.

… compost in the garden.

… choose eco-friendly/fair trade products.

… save energy/water/electricity.

… use public transport more/use the car less.

… drive an electric car.

… use biodegradable containers.

… install solar panels.

… use canvas bags or a basket and eliminate plastic bags.

… turn off appliances **instead of** leaving them on standby/with the pilot light on.

I intend to adopt a zero-waste lifestyle.

To keep our cities clean, waste **should** not **be thrown** on the ground, but rather in the designated bins.

Condividere il pianeta 5

Come salvare il pianeta

Per proteggere il pianeta **occorre** …

… ridurre drasticamente il consumo di combustibili fossili.

… salvaguardare i diritti degli animali.

… ridurre gli sprechi alimentari.

… eliminare i gas serra.

… preferire le energie rinnovabili, come l'energia solare/eolica/idrica/termica.

Adottare comportamenti ecologici è fondamentale per garantire la sostenibilità e proteggere l'ambiente per le generazioni future.

* I trasporti pubblici dovrebbero essere più efficienti e meno costosi per incoraggiare più persone ad utilizzar**li**.

* Dobbiamo fermare lo sfruttamento intensivo delle risorse naturali **prima che sia** troppo tardi.

How to save the planet

To protect the planet, **it is necessary** …

… to drastically reduce the consumption of fossil fuels.

… to protect animal rights.

… to reduce food waste.

… to eliminate greenhouse gases.

… to favour renewable energies, such as solar/wind/water/thermal energy.

Adopting eco-friendly behaviours is essential to ensure sustainability and protect the environment for future generations.

Forms of public transport should be more efficient and less expensive to encourage more people to use **them**.

We must stop the intensive exploitation of natural resources **before it's** too late.

Proteggere l'ambiente [Italian B]

i biocarburanti

la biomassa

la turbina eolica *o* la pala eolica/l'impianto eolico

tutelare l'ambiente

salvaguardare l'ecosistema

la salvaguardia dell'ecosistema

eliminare gli imballaggi superflui

dotare la propria abitazione di un impianto fotovoltaico

ridurre la propria impronta di carbonio/ecologica limitando i viaggi a lunga distanza

incoraggiare l'uso condiviso dell'automobile e di veicoli elettrici

potenziare la rete di trasporti pubblici e di piste ciclabili

mettere le pile usate/le batterie esauste/i rifiuti tossici in un apposito contenitore per il riciclaggio

In molte città italiane si introduce la circolazione a targhe alterne quando i livelli di inquinamento superano il limite di allerta.

* **Ritengo che** iniziative come le domeniche a piedi, adottate in molte città italiane, **siano** molto utili, sia perché permettono il blocco del traffico, sia perché promuovono la mobilità sostenibile. [Italian B]

Protecting the environment

biofuels

biomass

wind turbine/wind farm

to look after the environment

to safeguard the ecosystem

protection of the ecosystem

to reduce unnecessary packaging

to equip your home with a photovoltaic system

to reduce your carbon/ecological footprint by limiting long-distance travel

to encourage carpooling/carsharing and the use of electric vehicles

to improve the network of public transport and cycle paths

to put used batteries/old batteries/toxic waste in a designated recycling container

In many Italian cities, alternating number plate circulation is introduced when pollution levels exceed the alert threshold.

I believe that initiatives such as car-free Sundays (*literal: walking Sundays*), adopted in many Italian cities, **are** very useful, not only because they help reduce traffic, but also because they promote sustainable mobility.

E I problemi globali

Le disuguaglianze	Inequalities
il divario sociale/di classe	social/class divide
la disuguaglianza di genere	gender inequality
l'analfabetismo	illiteracy
la fame nel mondo	hunger in the world
la distribuzione ineguale delle ricchezze	unequal distribution of wealth
il lavoro minorile	child labour
la schiavitù moderna	modern slavery
In molti Paesi, ancora oggi molte persone vivono …	In many countries, even today, many people live …
… al di sotto della soglia di povertà.	… below the poverty line.
… in zone/quartieri malfamati e degradati.	… in run-down and deprived areas/neighbourhoods.
… in condizioni igieniche precarie.	… in poor sanitary conditions.
… senza acqua né elettricità.	… without water or electricity.
È impossibile negare le disuguaglianze che esistono tra i Paesi ricchi e quelli poveri.	The inequalities that exist between rich and poor countries are undeniable.
* **È davvero preoccupante che** in alcuni Paesi molti bambini non **possano** andare a scuola.	**It is really worrying that** in some countries, many children **can't** go to school.

F I diritti umani

I diritti fondamentali	**Fundamental rights**
la Dichiarazione Universale dei Diritti Umani	Universal Declaration of Human Rights
le libertà fondamentali	fundamental freedoms
il diritto alla vita/alla libertà/alla sicurezza della propria persona	the right to life/to liberty/to personal safety
la presunzione d'innocenza	the presumption of innocence
il diritto a una giustizia equa/a un processo equo	the right to equal justice/to a fair trial
la protezione della vita privata	the protection of privacy
il diritto alla libera circolazione/ad una cittadinanza	the right to freedom of movement/to nationality
il diritto di sposarsi e di fondare una famiglia	the right to marry and to start a family
il diritto alla proprietà	the right to own property
la libertà di pensiero/di coscienza/di religione/di opinione/di espressione/di riunione/di associazione	freedom of thought/of conscience/of religion/of opinion/of expression/of assembly/of association
il diritto di partecipare al governo del proprio Paese/di voto	the right to take part in the government of your country/to vote
il diritto alla sicurezza sociale/alla salute/all'istruzione/all'accesso alla cultura	the right to social security/to health/to education/to access to culture
il diritto al lavoro/a una remunerazione equa e soddisfacente/al riposo e allo svago	the right to work/to fair pay/to rest and leisure
promuovere la democrazia/la giustizia sociale	to promote democracy/social justice
I diritti umani sono universali, indivisibili e inalienabili.	Human rights are universal, indivisible and inalienable.
Organizzazioni come Amnesty International e Medici Senza Frontiere lavorano per denunciare le soppressioni dei diritti umani nel mondo.	Organizations such as Amnesty International and Médecins Sans Frontières work to denounce human rights violations around the world.
Le violazioni dei diritti umani	**Human rights violations**
la confisca/la requisizione/l'esproprio illegale dei beni	illegal confiscation/requisition/expropriation of assets
la detenzione arbitraria/ingiusta/senza accuse o processo	arbitrary/unjust detention/detention without charge *or* trial
l'arresto di dissidenti politici/attivisti per i diritti umani	arrest of political dissidents/human rights activists
la censura di giornalisti e media indipendenti	censorship of journalists and independent media
l'esilio/il dislocamento forzato della popolazione	exile/forcible displacement of populations
la tortura/il genocidio/la pulizia etnica/le esecuzioni sommarie	torture/genocide/ethnic cleansing/summary executions
il lavoro forzato	forced labour
la violenza di genere/le mutilazioni genitali femminili (MGF)/i matrimoni forzati	gender-based violence/female genital mutilation (FGM)/forced marriages
commettere un crimine contro l'umanità	to commit a crime against humanity
negare il diritto d'asilo	to deny the right of asylum
* **Ritengo che sia** difficile sostenere alcune leggi in vigore in alcuni Paesi, come la pena di morte o l'autorizzazione al porto d'armi, poiché non rispettano i diritti umani.	**I believe it is** difficult to support some laws in force in some countries, such as the death penalty or the right to carry arms, as they don't respect human rights.

G I conflitti e la pace

La guerra — War

i conflitti armati	armed conflicts
i bombardamenti	bombings
i crimini di guerra/i crimini contro l'umanità	war crimes/crimes against humanity
i soldati/i bambini soldato/i militari	soldiers/child soldiers/military people
la distruzione di interi villaggi/paesi/città	destruction of entire villages/towns/cities
la popolazione civile	civilian population
i profughi *o* i rifugiati	refugees
combattere	to fight/to combat
attaccare	to attack
arrendersi	to surrender
commettere delle atrocità	to commit atrocities
essere *o* venire feriti/uccisi	to be injured/killed
morire/perdere la vita	to die/to lose your life
fuggire da un Paese in guerra	to flee a country at war
correre il rischio di essere fatti prigionieri *o* essere catturati/essere torturati/essere violentati	to risk being taken prisoner/being tortured/being raped
La guerra causa molti danni e traumi psicologici.	War causes a lot of damage and psychological trauma.
* **Trovo inaccettabile che** in alcuni Paesi i bambini **siano** costretti a combattere.	* **I find it unacceptable that** in some countries, children **are** forced to fight.
* **Mi spaventa che si possano** usare armi chimiche, batteriologiche e persino nucleari.	* **I find it terrifying that** chemical, bacteriological, and even nuclear weapons **could be used**.

Perché la guerra? — Why war?

la guerra mondiale/civile/di religione/d'indipendenza	world/civil/religious/independence war
la ribellione/l'insurrezione	rebellion/insurrection
il nemico/l'avversario	enemy/opponent
i combattenti	fighters
i campi di detenzione/concentramento	detention/concentration camps
l'occupazione da parte delle forze nemiche	occupation by enemy forces
i gruppi di resistenza clandestini	underground resistance groups
la sconfitta/la resa	defeat/surrender
la vittoria/il trionfo	victory/triumph
il disturbo da stress post-traumatico (DSPT)	post-traumatic stress disorder (PTSD)
invadere/occupare un territorio	to invade/to occupy a territory
consegnare le armi	to surrender (*literal: to hand over your weapons*)
seminare morte e distruzione	to wreak death and destruction
radere al suolo interi paesi/città	to raze entire villages/cities to the ground
morire per la patria/il proprio Paese	to die for the homeland/your country
essere *o* venire deportati	to be deported
All'origine di molti conflitti vi sono lotte per il controllo di territori o risorse naturali.	At the heart of many conflicts are struggles for control of territory or natural resources.

Condividere il pianeta 5

Rivendicare diritti storici su un territorio può portare allo scoppio di una guerra.

Reclaiming historical rights over a territory can lead to the outbreak of a war.

* Non bisogna dimenticare che gli effetti di un conflitto vanno ben oltre il numero delle vittime, poiché molte famiglie **vengono distrutte**, e il tessuto sociale **rimane lacerato** per generazioni.

It should not be forgotten that the effects of a conflict go far beyond the number of victims, as many families **are destroyed**, and the social fabric **is torn apart** for generations.

* La perdita di vite umane e la distruzione rallentano lo sviluppo dell'economia dei Paesi in guerra che **vengono** così **penalizzati**.

The loss of human lives and destruction slow down the development of the economy in countries at war, which **are** thus **penalised**.

Verso un mondo migliore

la scolarizzazione — schooling

l'alfabetizzazione — literacy programmes

la parità di genere — gender equality

lo sviluppo sostenibile — sustainable development

Mi sento molto fortunato(-a) e voglio fare qualcosa per aiutare le persone bisognose.

I feel very privileged, and I want to do something to help people in need.

Personalmente, supporto il lavoro di Amnesty International/della Croce Rossa, ecc.

I personally support the work of Amnesty International/of the Red Cross, etc.

* Se le risorse **fossero distribuite** in modo più equo, le disuguaglianze e le ingiustizie **sarebbero** meno **profonde**.

If resources **were distributed** more fairly, inequalities and injustices **would be** less **pronounced**.

* È utopistico, senza dubbio, ma **mi piacerebbe che** le guerre **finissero** e che ci **fosse** la pace.

It's utopian, no doubt, but **I would like** wars **to end** and there **to be** peace.

Un mondo in pace — A peaceful world

la tregua/il cessate il fuoco/l'armistizio — truce/ceasefire/armistice

l'evacuazione/la liberazione — evacuation/liberation

il rilascio dei prigionieri/degli ostaggi — release of prisoners/hostages

la risoluzione di un conflitto/la fine della guerra — conflict resolution/end of the war

l'operazione/la missione di pace — peacekeeping operation/mission

la diplomazia — diplomacy

il risarcimento per i danni causati — compensation for damage caused

riaprire il dialogo — to reopen/to resume the dialogue

raggiungere un accordo — to reach an agreement

porre fine alle ostilità — to end hostilities

ripudiare la guerra — to reject war

ricostruire le infrastrutture distrutte — to rebuild the destroyed infrastructure

fornire supporto psicologico alle vittime — to provide victims with psychological support

facilitare o agevolare il reinserimento dei soldati nelle loro comunità — to facilitate soldiers' reintegration into their communities

Credo che dobbiamo sostenere soluzioni pacifiche e promuovere una cultura della pace e della non violenza.

I believe that we must support peaceful solutions and promote a culture of peace and non-violence.

H L'uguaglianza

Ricchezza e povertà	Wealth and poverty
l'uguaglianza delle opportunità	equal opportunity
il divario retributivo di genere/la parità salariale	gender pay gap/equal pay
la disparità di genere	gender imbalance
l'accumulo di debiti	accumulation of debts
l'alloggio precario (es. occupazioni abusive/rifugi di fortuna)	precarious housing (e.g. squat/makeshift shelter)
un potere d'acquisto ridotto/l'inflazione	reduced purchasing power/inflation
una famiglia a basso reddito/una famiglia benestante	a low-income family/a well-off family
le classi privilegiate/le classi agiate	privileged classes/the well-off *or* wealthy
i programmi di reinserimento sociale	integration/rehabilitation programmes
vivere nella ricchezza/nella bambagia (id)	to live in luxury/in the lap of luxury (*literal: to live in cotton wool*)
vivere nell'indigenza/nella miseria	to live in extreme poverty/in destitution
andare in bancarotta/finire sul lastrico (id)	to go bankrupt/to end up penniless (*literal: to end up on the pavement*)
essere in rosso prima della fine del mese	to be in the red/overdrawn before the end of the month
ricevere assistenza sociale	to be on welfare/to claim benefits
dipendere finanziariamente da qualcuno	to be financially dependent on somebody
ottenere un posto di responsabilità/di alto livello	to get to a position of responsibility/a top job
rompere/infrangere/abbattere il soffitto di cristallo	to break/to shatter/to smash the glass ceiling
Spesso associamo la povertà estrema ai Paesi in via di sviluppo, ma la povertà esiste anche a casa nostra. (id)	We often associate extreme poverty with developing countries, but poverty also exists on our doorstep (*literal: in our home*).
La parità di genere mira ad aumentare la rappresentanza femminile nelle posizioni di potere e nei ruoli dirigenziali nell'amministrazione pubblica, in politica e nelle grandi aziende.	Gender equality aims to increase female representation in positions of power and leadership roles in public administration, politics and large companies.

1 La globalizzazione

Vantaggi e svantaggi di un mondo globalizzato	Benefits and drawbacks of a globalized world
l'apertura delle frontiere	opening of borders
il commercio internazionale	international trade
la creazione di posti di lavoro	job creation
i prezzi più bassi per i consumatori	lower prices for consumers
l'aumento degli investimenti stranieri	increase in foreign investment
la concorrenza/il libero scambio	competition/free trade
la libera circolazione dei beni *o* delle merci/delle persone	free movement of goods/of people
una vasta scelta di prodotti per gli acquirenti	a wide range of products for buyers
il miglioramento del tenore di vita globale	increase in the global standard of living
la delocalizzazione industriale	industrial relocation
la disseminazione delle conoscenze	dissemination of knowledge
il dominio/la supremazia di alcuni Paesi su altri	domination/supremacy of some countries over others
la scomparsa dei piccoli produttori	disappearance of small producers
lo sfruttamento eccessivo delle materie prime	overexploitation of raw materials
l'esaurimento delle risorse naturali	depletion of natural resources
l'egemonia delle grandi multinazionali	dominance of large multinational companies
la perdita dell'identità culturale/delle caratteristiche *o* particolarità nazionali o regionali	loss of cultural identity/of national or regional characteristics
concentrare la ricchezza mondiale nelle mani di un'élite finanziaria	to concentrate the world's wealth in the hands of a financial elite
Spesso i posti di lavoro vengono trasferiti in Paesi o regioni dove la manodopera costa meno.	Jobs are often relocated to countries or regions where labour is cheap.
I lavoratori sono costretti ad accettare salari molto bassi se vogliono mantenere il proprio posto di lavoro.	Workers have to accept very low wages if they want to keep their jobs.
* I sostenitori dell'integrazione globale **ritengono che** la globalizzazione **promuova** gli aiuti internazionali attraverso prestiti, donazioni, distribuzione di cibo e programmi educativi.	Advocates of globalization **claim that** it **encourages** international aid through loans or donations, food deliveries, and educational programmes.
La globalizzazione amplifica il divario tra i Paesi del 'Nord' e del 'Sud' del mondo, ossia tra i Paesi sviluppati e quelli in via di sviluppo.	Globalization amplifies the divide between countries of the 'North' and the 'South' of the world, i.e. between developed and developing countries.

J L'etica

5 Condividere il pianeta

Questioni etiche che dividono la società	Ethical issues which divide society
la legalizzazione delle droghe	legalization of drugs
l'interruzione volontaria di gravidanza (IVG) o l'aborto	abortion
i diritti LGBTQ+	LGBTQ+ rights
la colonizzazione spaziale	space colonization
una questione morale/filosofica/spinosa	moral/philosophical/thorny issue
un argomento ideologico/religioso	ideological/religious argument
prendere posizione su …	to take a position on …
pronunciarsi su …	to comment on …
prendere le parti di …	to take the side of …
avere un'opinione precisa sulla questione	to have a clear-cut opinion on the issue
Penso che sia necessario censurare i discorsi razzisti e che incitano all'odio e alla violenza.	**I think it is** necessary to censor racist speech and speech that incites hatred and violence.
Non penso che condannare qualcuno a morte **sia** il modo migliore per fare giustizia.	**I don't think** sentencing someone to death **is** the best way to do justice.

Questioni di bioetica / Bioethical issues

la gestazione per altri/la procreazione medicalmente assistita (PMA)	surrogate pregnancy/medically assisted procreation (MAP)
la maternità surrogata/l'utero in affitto	surrogacy
la modificazione genetica degli embrioni	genetic modification of embryos
la donazione/il prelievo/il trapianto di organi	organ donation/harvesting/transplantation
l'accanimento terapeutico	(prolonged and aggressive) therapeutic interventions
l'eutanasia	euthanasia
il suicidio assistito	assisted suicide
la criogenia	cryogenics
essere in uno stato vegetativo	to be in a vegetative state
chiudere un occhio su pratiche discutibili (id)	to turn a blind eye (*literal: to close an eye*) to questionable practices
opporsi all'uso di cavie da laboratorio	to oppose the use of laboratory animals
condannare le pratiche scorrette	to condemn unfair practices
gridare allo scandalo (id)	to cry foul/to express outrage (*literal: to cry scandal*)
definire i parametri della ricerca/i confini della sperimentazione scientifica	to define the parameters of research/the boundaries of scientific experimentation
* **È importante che** le leggi sulla bioetica **siano aggiornate** per garantire il rispetto dei diritti umani.	**It is important that** bioethics laws **are updated** to ensure the respect of human rights.
* Vista l'importanza degli sviluppi biotecnologici, è indispensabile garantir**ne** la sicurezza attraverso una regolamentazione rigorosa.	Given the stakes involved in biotechnology developments, it is necessary to guarantee **they are** safe by using a rigorous legal framework.
* **Penso che se** il dibattito bioetico **fosse stato** più approfondito in passato, **si sarebbero potute evitare** molte decisioni controverse riguardo alla manipolazione genetica.	**I think that if** the bioethical debate **had been** more thorough in the past, many controversial decisions regarding genetic manipulation **could have been avoided**.

A–Z for Italian AB/B (published by Elemi)

Vocabolario utile

A Lessico di base

I saluti e i convenevoli	Greetings and pleasantries
Ciao	Hi/Bye
Salve	Hi/Hello
Buongiorno (signore/signora/signori)	Good morning/Hello (sir/madam/ladies and gentlemen) (*when addressing people, e.g. in a shop*)
Buonasera	Good evening
Benvenuto(-a,-i,-e)	Welcome
Piacere (di conoscerti/di conoscerLa).	Lovely to meet you. (*informal/formal*)
È un piacere conoscerti/conoscerLa.	Pleased to meet you. (*informal/formal*)
Piacere (mio)/Molto lieto(-a).	(My) pleasure/Pleased to meet you. (*formal*)
Arrivederci/ArrivederLa/Addio	Goodbye/Goodbye (*very formal*)/Farewell
A presto/Ci vediamo (presto)/Ci sentiamo (presto).	See you soon/See you (soon)/Speak to you (soon).
A più tardi/A dopo/Ci vediamo dopo.	See you later.
A domani!	See you tomorrow!
Buona giornata!	Have a good day!
Buon pomeriggio!	Good afternoon/Have a good afternoon!
Buona serata!	Have a good evening!
Buona notte! Sogni d'oro! (id)	Good night! Sweet dreams! (*literal: golden dreams*)
Buon weekend *o* fine settimana!	Have a good weekend!
Buone vacanze!	Have a good holiday/Enjoy your holiday!
Buon viaggio!	Have a good trip/Safe travels!
Buon divertimento!	Have fun!
Buon appetito!	Enjoy your meal!
Grazie, altrettanto!	Thank you, enjoy your meal too!
Buona fortuna!	Good luck!
In bocca al lupo! (id)	Good luck!/Break a leg! (*literal: Into the wolf's mouth!*)
Crepi (il lupo)! (id)	Thanks!/Hope so! (*literal: May the wolf die!*)
(Tanti) auguri/Buon compleanno/Cento di questi giorni! (id)	Best wishes/Happy Birthday/Many happy returns (of the day)! (*literal: A hundred of these days!*)
Complimenti!	Well done!
Congratulazioni/Felicitazioni!	Congratulations!
Salute!	Bless you! (*when someone sneezes*)
Cin-cin/(Alla) salute!	Cheers!
Come ti chiami/Come si chiama?	What's your name? (*informal/formal*)
Mi chiamo …	My name is …
Come stai/Come sta?	How are you? (*informal/formal*)
Come va?	How are you doing?
Bene, grazie, e tu/e Lei?	I'm fine, thank you, and you? (*informal/formal*)
Sto benissimo/molto bene/così così.	I'm really well/very well/so-so.
Non sto molto bene.	I'm not very well.

Non c'è male.	Not too bad.
Grazie (mille)!	Thanks (a lot)! (*literal: a thousand thanks!*)
Ti/La ringrazio molto/infinitamente.	Thank you very much/I can't thank you enough.
Prego!	You're welcome!
Prego?	Excuse me? Would you repeat that, please?
Per favore.	Please.
Mi dispiace!	I'm sorry!
Scusa/Scusi!	Sorry/Excuse me! (*informal and formal*)
Mi scuso/Mi scusi.	Excuse me/I beg your pardon.
Domando *o* Chiedo scusa.	I beg your pardon/I ask for your forgiveness. (*formal*)
La prego di scusarmi.	Please forgive me/I beg you to excuse me. (*formal*)
Di niente/Figurati *o* Si figuri/Non ti preoccupare *o* Non si preoccupi/Ci mancherebbe altro!	No problem/No trouble (*informal and formal*)/Don't worry (*informal and formal*)/Don't mention it!
Posso darLe del tu?	May I call you by your first name? (*literal: May I use the informal 'you' with you?*)
Certo, mi dia pure del tu/diamoci pure del tu!	Sure, use my first name/let's be informal! (*literal: use/let's use the informal 'you'*)

I numeri / Numbers

0 = zero	zero
1 = uno (primo)	one (first)
2 = due (secondo)	two (second)
3 = tre (terzo)	three (third)
4 = quattro (quarto)	four (fourth)
5 = cinque (quinto)	five (fifth)
6 = sei (sesto)	six (sixth)
7 = sette (settimo)	seven (seventh)
8 = otto (ottavo)	eight (eighth)
9 = nove (nono)	nine (ninth)
10 = dieci (decimo)	ten (tenth)
11 = undici (undicesimo)	eleven (eleventh)
12 = dodici (dodicesimo)	twelve (twelfth)
13 = tredici (tredicesimo)	thirteen (thirteenth)
14 = quattordici (quattordicesimo)	fourteen (fourteenth)
15 = quindici (quindicesimo)	fifteen (fifteenth)
16 = sedici (sedicesimo)	sixteen (sixteenth)
17 = diciassette (diciassettesimo)	seventeen (seventeenth)
18 = diciotto (diciottesimo)	eighteen (eighteenth)
19 = diciannove (diciannovesimo)	nineteen (nineteenth)
20 = venti (ventesimo)	twenty (twentieth)
21 = ventuno/22 = ventidue	twenty-one/twenty-two
30 = trenta	thirty
40 = quaranta	forty
50 = cinquanta	fifty
60 = sessanta	sixty
70 = settanta	seventy

80 = ottanta	eighty
90 = novanta	ninety
100 = cento/200 = duecento	one hundred/two hundred
1000 = mille/2000 = duemila	one thousand/two thousand
1 milione/1 miliardo	1 million/1 billion
una decina/una dozzina/una trentina	about 10/a dozen/about 30
circa/all'incirca 20	roughly 20
un centinaio/un migliaio	about 100/about 1000
10,5 = dieci virgola cinque	10.5 = ten point five
1/4 = un quarto	quarter
1/3 = un terzo	third
1/2 = un mezzo/metà	half
il doppio/il triplo/il quadruplo	double/triple/quadruple

Le espressioni di quantità / Expressions of quantity

un po' (poco) di	a few/a little/not very much (of)
molto/tanto di	a lot of
abbastanza	quite a few (of)
qualche/alcuni(-e)/dei, degli, delle	some
diversi(-e)/parecchi(-ie)/in abbondanza	several/many/in abundance
entrambi(-e)/tutti(-e) e due	both
l'unico(-a)	the only one
tutto(-a)/la (quasi) totalità	everything or all/(almost) the entirety
tutti(-e)/ognuno(-a)	everyone/each one or each person
niente	nothing
la maggior parte di	the most of/the majority of
la maggioranza/la minoranza di	the majority/the minority of
la percentuale di	the percentage of
10% (dieci per cento) di	10% (ten per cent) of
più di/meno di	more (of)/less (of)
più o meno	more or less
troppo(-a)/troppi(-e)	too much/too many
un litro di/due litri di	a litre of/two litres of
un grammo/un etto(grammo)/ un chilo(grammo) di	a gram/a hundred grams/a kilo of
una bottiglia di	a bottle of
una scatola di	a carton/box of
una lattina di	a can/tin of
un pacco di/un sacco di	a packet of/a bag of
un vasetto di/un tubetto di	a jar of/a tube of
une tazza di/un bicchiere di	a cup of/a glass of
una fetta di/un pezzo di/un pizzico di	a slice of/a piece of/a pinch of

6 Vocabolario utile

Esprimere il tempo	Expressions of time
I giorni della settimana	Days of the week
lunedì/il lunedì *o* di lunedì *o* ogni lunedì	Monday/on Mondays
martedì/non di martedì	Tuesday/not on Tuesdays
mercoledì/chiuso il mercoledì	Wednesday/closed on Wednesdays
giovedì/ogni primo giovedì del mese	Thursday/every first Thursday of the month
venerdì/un venerdì al mese	Friday/one Friday a month
sabato/un sabato all'anno	Saturday/one Saturday a year
domenica/la domenica *o* di domenica *o* ogni domenica	Sunday/on Sundays
da lunedì a venerdì	from Monday to Friday
eccetto la domenica e i giorni festivi	except Sundays and public holidays
solo nei giorni feriali	only on working days
a giorni alterni *o* un giorno sì, un giorno no	every other day
la settimana prossima/scorsa	next/last week
due giorni fa/una settimana fa	two days ago/a week ago
tra tre giorni/tra un mese	in three days/in a month
per quindici giorni *o* due settimane	for a fortnight *or* two weeks

I mesi dell'anno	Months of the year
(in/a) gennaio	(in) January
febbraio	February
marzo	March
aprile	April
maggio	May
giugno	June
luglio	July
agosto	August
settembre	September
ottobre	October
novembre	November
dicembre	December
all'inizio di gennaio/alla fine di marzo/a metà maggio	(at) the beginning of January/(at) the end of March/(in) mid-May

Le quattro stagioni	The four seasons
la primavera/in primavera	spring/in the spring
l'estate (f)/in estate	summer/in the summer
l'autunno/in autunno	autumn *or* fall/in the autumn *or* in the fall
l'inverno/in inverno	winter/in the winter

A-Z for Italian AB/B (published by Elemi)

Vocabolario utile 6

La data	The date
Che data è?/Che giorno è?	What is the date?/What day is it?
Oggi è il primo gennaio.	Today is the first of January.
stamattina/stasera/oggi pomeriggio	this morning/evening/afternoon
domani/dopodomani	tomorrow/the day after tomorrow
domani mattina/pomeriggio/sera	tomorrow morning/afternoon/evening
ieri/l'altro ieri	yesterday/the day before yesterday
ieri mattina/pomeriggio/sera	yesterday morning/afternoon/evening
L'orario	The time
Che ore sono?/Che ora è?	What time is it?/What's the time?
Sono le …	**It is** …
… due/tre/quattro/cinque/sei/sette/otto/nove/dieci/undici (in punto).	… two/three/four/five/six/seven/eight/nine/ten/eleven o'clock.
… sette e cinque/dieci/venti/venticinque.	… five past/ten past/twenty past/twenty-five past seven.
… otto meno venticinque/meno venti/meno dieci/meno cinque.	… twenty-five to/twenty to/ten to/five to eight.
… due e un quarto/e mezzo *o* e mezza/meno un quarto.	… quarter past/half past two/quarter to two.
… tredici/quattordici/quindici.	… 1pm/2pm/3pm.
È l'una/mezzogiorno/mezzanotte.	It is one o'clock/midday/midnight.
alle otto/**all'**una/**a** mezzogiorno/**a** mezzanotte	**at** 8 o'clock/**at** 1 o'clock/**at** midday/**at** midnight
tra dieci minuti/tra due ore	in 10 minutes' time/in two hours' time
Le espressioni di tempo	Expressions of time
prima/dopo	before/after
durante/per	during/for
verso	at about
da	since/for
mentre	while/whilst
fino a	until
presto/tardi	early/late
alla mattina/**al** pomeriggio/**alla** sera	**(in) the** morning/**(in) the** afternoon/**(in) the** evening
di giorno/**di** mattina/**di** pomeriggio/**di** sera/**di** notte	**during** the day/**in the** morning/**in the** afternoon/**in the** evening/**at** night
all'improvviso	suddenly/all of a sudden
immediatamente	immediately
ancora/tuttora/finora	still/yet/so far
di nuovo/ancora	again
nel frattempo *o* intanto	in the meantime *or* meanwhile
alla fine/finalmente	in *or* at the end/finally *or* at last

6 Vocabolario utile

La frequenza / Frequency

di solito/normalmente	usually/normally
generalmente *o* in generale	generally
regolarmente/frequentemente	regularly/frequently
spesso/il più spesso possibile	often/as often as possible
sempre/tutto il tempo	always/all the time
tutti i giorni/tutte le mattine/tutti i fine settimana	every day/every morning/every weekend
ogni giorno/quotidianamente	every day/daily
ogni settimana/ogni mese/ogni anno	every week/every month/every year
ogni due giorni/settimane/mesi/anni	every two days/weeks/months/years
qualche volta/a volte *o* ogni tanto/occasionalmente	sometimes/from time to time/occasionally
raramente	rarely
solamente *o* soltanto *o* solo	only *or* just
mai/quasi mai	never/hardly ever
una volta/due volte/tre volte al giorno/alla settimana/al mese/all'anno	once/twice/three times a day/a week/a month/a year
più volte al giorno/alla settimana	several times a day/a week

La geografia / Geography

I Paesi / Countries

in Italia/**nel** Regno Unito/**negli** Stati Uniti/**nei** Paesi Bassi/**nelle** Filippine

in Italy/**in the** United Kingdom/**in the** United States/**in the** Netherlands/**in the** Philippines

dall'Italia/**dalla** Francia/**dal** Regno Unito/**dagli** Stati Uniti/**dai** Paesi Bassi/**dalle** Filippine

from Italy/**from** France/**from the** United Kingdom/**from the** United States/**from the** Netherlands/**from the** Philippines

a Hong Kong/**a** Singapore/**a** Cuba/**al** Vaticano/**ai** Caraibi/**alle** Maldive

in Hong Kong/**in** Singapore/**in** Cuba/**in the** Vatican/**in the** Caribbean/**in the** Maldives

I continenti / Continents

l'Africa (f)	Africa
l'America (f)/il Nord America/il Sud America/l'America Centrale	North/South/Central America
l'Antartide (f)/l'Artide (f)	Antarctica/Arctic
l'Asia (f)	Asia
l'Europa (f)	Europe
l'Oceania (f)	Oceania

Vocabolario utile 6

I punti cardinali	Compass points
a nord (di …)	in *or* to the north (of …)
a sud (di …)	in *or* to the south (of …)
a est (di …)	in *or* to the east (of …)
a ovest (di …)	in *or* to the west (of …)
il settentrione/il meridione/l'oriente/l'occidente	the north/south/east/west
settentrionale/meridionale/orientale/occidentale	northern/southern/eastern/western
Indicare il luogo	To indicate a place
in	in
davanti/dietro	in front (of)/behind
sopra *o* su/sotto	on (top of)/under
al di sopra/al di sotto di	above/below
in alto/in basso di	at the top/at the bottom of
a destra/a sinistra di	(to the) left/right of
dentro/fuori	inside/outside
all'interno/all'esterno di	(on the) inside/(on the) outside of
vicino a/accanto a/di fianco a	near (to)/next to/next to
di fronte a	in front of/opposite
dietro a	behind
all'angolo di	at *or* on the corner of
nei pressi di	near *or* in the vicinity of
lontano da	far from
in *o* nel mezzo di	in the middle of
al centro di	at *or* in the centre of
intorno a	around
ai piedi di	at the foot of
tra *o* fra	(in) between
contro	against
fianco a fianco	side by side
da Giovanni/dal dentista/dall'avvocato	at *or* to Giovanni's/the dentist's/the lawyer's
sull'Etna/sul Monte Bianco	on Mount Etna/on Mont Blanc
qui/lì *o* là/là in fondo	here/there/over there
questo(-a)/questi(-e)	this/these (*demonstrative adjectives and pronouns*)
quel/quello/quell'/quella	that (*demonstrative adjectives*)
quei/quegli/quelle	those (*demonstrative adjectives*)
quello(-a)/quelli(-e)	that/those (*demonstrative pronouns*)
altrove	elsewhere
dovunque *o* ovunque	anywhere
dappertutto	everywhere
da qualche parte/da nessuna parte	somewhere/nowhere

Colori, motivi, forme, materiali

Di che colore è?

argentato/dorato	silver *or* silvery/gold *or* golden
arancione	orange
beige (*invariable*)	beige
bianco	white
blu/azzurro/celeste	blue/light blue/sky blue
giallo (limone)	(lemon) yellow
grigio chiaro/scuro	light/dark grey
marrone	brown
nero	black
rosa (*invariable*)	pink
rosso	red
turchese	turquoise
verde (oliva/smeraldo)	(olive/emerald) green
viola (*invariable*)	purple/violet
multicolore	multicoloured
colorato	colourful

I motivi / Patterns

a tinta unita	plain
a righe	stripey
a pois/a pallini	dotted
a quadri	checked
a fiori	flowery

Le forme / Shapes

un quadrato	square
un rettangolo	rectangle
un triangolo	triangle
un cerchio	circle
una linea	line
una croce	cross
una stella	star
di forma quadrata/rettangolare/triangolare/rotonda	square-shaped/rectangular-shaped/triangular-shaped/round-shaped

A-Z for Italian AB/B (published by Elemi)

Vocabolario utile 6

Di che materiale è? — What is it made of?

di legno	(made of) wood/wooden
di plastica	(made of) plastic
di metallo/di ferro	(made of) metal/iron
di vetro	(made of) glass
di pietra/roccia/marmo/ceramica	(made of) stone/rock/marble/ceramic
di cemento	(made of) concrete
d'oro/d'argento/di bronzo	(made of) gold/silver/bronze
di carta/di cartone	(made of) paper/cardboard
di tessuto	(made of) fabric
di lana	(made of) wool/woollen
di cotone	(made of) cotton
di seta	(made of) silk
di lino	(made of) linen
di pelle/di cuoio	(made of) leather
di velluto	(made of) velvet
di materiale riciclato/riciclabile	(made of) recycled/recyclable material

Le parti del corpo — Parts of the body

la testa	head
i capelli	hair
la fronte	forehead
l'occhio/gli occhi	eye/eyes
le ciglia/le sopracciglia	eyelashes/eyebrows
il naso	nose
le guance	cheeks
la bocca	mouth
il labbro/**le labbra**	lip/**lips**
la lingua	tongue
il dente/i denti	tooth/teeth
l'orecchio/**le orecchie**	ear/**ears**
il mento	chin
il collo	neck
la gola	throat
la schiena	back
le spalle	shoulders
il braccio/**le braccia**	arm/**arms**
il gomito	elbow
il polso	wrist
la mano/**le** mani	hand/hands
il dito/**le dita** (delle mani)/**le dita** dei piedi	finger/**fingers**/**toes**
le unghie	nails
il petto	chest

la pancia/lo stomaco	stomach/belly
le gambe	legs
il ginocchio/**le ginocchia**	knee/**knees**
le caviglie	ankles
il piede/i piedi	foot/feet
gli organi interni/vitali	internal/vital organs
il cervello	brain
il cuore	heart
i polmoni	lungs
i reni	kidneys
il fegato	liver
l'intestino	intestines *or* guts
i muscoli	muscles
l'osso/**le ossa** del corpo/**gli ossi**	bone/**bones** of the body (*the whole skeleton*)/**bones** (*multiple bones*)
il sangue	blood
la pelle	skin
i cinque sensi: la vista, l'udito, l'odorato, il tatto, il gusto	the five senses: sight, hearing, smell, touch, taste

Espressioni idiomatiche con il verbo *avere*

Idiomatic phrases with the verb *avere* (phrases with *to be* in English)

avere xx anni	to be xx years old
avere fame/sete	to be hungry/thirsty
avere sonno	to be sleepy
avere fretta	to be in a hurry
avere freddo/caldo	to be cold/hot
avere torto/ragione	to be wrong/right
avere paura (di)	to be scared (of)
avere vergogna (di)	to be ashamed (of)
avere fortuna/sfortuna	to be lucky/unlucky
avere pazienza	to be patient
avere fascino	to be charming
avere l'abitudine di	to be used to

B Per la prova orale

Descrivere e commentare un'immagine
Impressioni generali (Cosa? Dove? Quando? Chi?)

È una foto di …	It's a photo of …
Nella foto/Nell'immagine/Nel disegno/Nella vignetta …	In the photo/picture/drawing/cartoon …
L'immagine riguarda il tema di …	The picture tackles the theme of …
Questa illustrazione richiama il tema di …	This illustration alludes to the theme of …
La foto/Il disegno/L'immagine tratta dell'argomento …	The photo/The drawing/The image is about the topic of …
È un'immagine/una foto che rappresenta …	It is an image/a photo that represents …
È un'immagine di un pranzo in famiglia/di una vacanza …	It is an image of a family lunch/of a holiday …
È una foto a colori (vivaci)/una foto in bianco e nero.	It is a colour photo (with bright colours)/a black and white photo.
È una vignetta colorata.	It is a coloured cartoon.
È una foto recente/datata/tipicamente italiana.	It is a recent/dated/typically Italian photo.
È un'immagine di qualche tempo fa.	It is an image from some time ago.
La scena ha luogo *o* si svolge *o* avviene …	The scene takes place …
… a/in/presso … (+ *place*).	… in *or* at … (+ *place*).
… all'esterno/all'interno.	… outside/inside.
… in città/in un paese.	… in a town *or* city/in a village.
… in campagna/in montagna/al lago.	… in the countryside/in the mountains/by the lake.
… al mare/sulla spiaggia.	… by the sea/on a beach.
… in una strada *o* per strada/in una piazza.	… on a street/on *or* in a square.
… in un parco/in un giardino pubblico.	… in a park/in a public garden.
… in un negozio/in un mercato.	… in a shop/at a market.
… in un centro commerciale/in un centro sportivo.	… in a shopping centre/in a sports centre.
… in una pizzeria/in un ristorante/in un bar.	… in a pizzeria/in a restaurant/in a bar.
… in una scuola/in un'aula.	… in a school/in a classroom.
… a casa di una famiglia/di parenti/di amici.	… at a family's/relatives'/friends' house.
… durante una festa (di famiglia).	… during a (family) party/celebration.
… durante un evento sportivo/una partita di calcio/una gara di atletica.	… during a sports event/a football match/an athletics race.
La foto è stata fatta/scattata …	The photo was taken …
… di giorno/di notte.	… during the day/during the night.
… di mattina/di pomeriggio/di sera.	… in the morning/in the afternoon/in the evening.
… in primavera/in estate/in autunno/in inverno.	… in spring/in summer/in autumn *or* fall/in winter.
Fa bel tempo/brutto tempo/caldo/freddo.	The weather is nice/bad/hot/cold.
Il cielo è sereno/nuvoloso.	The sky is blue/cloudy.
Il sole splende.	The sun is shining.
Sta piovendo/Sta nevicando.	It's raining/It's snowing.
Nella foto si vede/si distingue/si osserva/si nota …	In the photo, you can see/you can make out/you can observe/you can notice …

6 Vocabolario utile

C'è …

… una persona/una famiglia.

… un uomo (giovane/di mezza età/anziano).

… una donna (giovane/di mezza età/anziana).

… un ragazzo/una ragazza/un bambino/una bambina.

… una coppia (giovane/anziana).

… un gruppo di persone/di ragazzi.

Ci sono …

… delle persone.

… dei/delle ragazzi(-e)/degli/delle adolescenti/dei/delle bambini(-e).

La persona si trova/Le persone si trovano …

There is/There are …

… a person/a family.

… a or an (young/middle-aged/old) man.

… a or an (young/middle-aged/old) woman.

… a boy/a girl/a child (m)/a child (f).

… a (young/old) couple.

… a group of people/of teenagers.

There are …

… some people.

… some young people/some teenagers/some children.

The person is/The people are …

Più in dettaglio

a destra/a sinistra/al centro dell'immagine

in alto/in basso

in alto a sinistra/in basso a destra

accanto a/vicino a

davanti a/dietro a

in mezzo/nell'angolo

in primo piano/in secondo piano/sullo sfondo

L'uomo è alto/basso/abbastanza robusto/molto magro.

Lui/Lei porta/indossa …

… vestiti eleganti/formali/informali/sportivi/alla moda.

… un paio di pantaloni/jeans.

… dei pantaloncini/una gonna/una salopette.

… un vestito/un abito o un completo.

… una camicia/una camicetta/una maglietta (a maniche corte/lunghe).

… una felpa/un maglione.

… una canottiera/una canotta o un top.

… una giacca/un giubbotto/un giubbino/un cappotto.

… una tuta da ginnastica/un costume da bagno.

… una divisa scolastica/abbigliamento da lavoro.

… un cappello (di paglia)/un cappellino/un berretto (di lana).

… una cravatta/una cintura.

… delle scarpe (da ginnastica/con il tacco/da calcio)/degli stivali/dei sandali/delle ciabatte/delle infradito.

… una sciarpa/dei guanti.

… una borsa/una borsetta/uno zaino.

… un orologio/una collana/un anello/degli orecchini.

In more detail

on the right/on the left/in the centre of the picture

at the top/at the bottom

at the top left/at the bottom right

next to/near

in front of or opposite/behind

in the middle/in the corner

in the foreground/in the middle distance/in the background

The man is tall/short/quite large/very thin.

He's/She's wearing …

… smart or elegant/formal/casual/sports/trendy clothes.

… a pair of trousers/jeans.

… shorts/a skirt/dungarees.

… a dress/a suit.

… a shirt/a blouse/a (short-/long-sleeved) t-shirt.

… a sweater/a jumper.

… a vest/a tank top.

… a blazer/a puffer jacket/a lightweight jacket/a coat.

… a tracksuit/a swimsuit.

… school uniform/work clothing.

… a (straw) hat/a cap/a woolly hat or beanie.

… a tie/a belt.

… shoes (trainers/high-heeled/football boots)/boots/sandals/slippers/flip-flops.

… a scarf/gloves.

… a bag/a handbag/a backpack.

… a watch/a necklace/a ring/earrings.

A-Z for Italian AB/B (published by Elemi)

Vocabolario utile 6

Porta/Indossa gli occhiali (da vista/da sole).	He's/She's wearing glasses (prescription/sunglasses).
Lui/Lei sembra …	He/She appears/seems to be …
… felice o contento(-a)/triste/preoccupato(-a)/concentrato(-a).	… happy/sad/worried/focused.
… di buon/cattivo umore	… in a good/bad mood.
… in forma/stanco(-a)/malato(-a).	… in good shape/tired/ill.
… rilassato(-a)/stressato(-a).	… relaxed/stressed out.
… interessato(-a)/disinteressato(-a) o indifferente/sorpreso(-a) o stupito(-a)	… interested/uninterested/surprised.

Descrivere cosa sta succedendo e fare ipotesi sulla situazione / Describing what is happening and make assumptions about the situation

Lui/Lei sta/Le persone stanno (+ *gerund*)	He/She is/People are (in the process of) doing (something)
Lui/Lei ha/Loro hanno appena finito di (+ *infinitive*)	He/She has/They have just done (something)
Lui/Lei sta/Loro stanno per (+ *infinitive*)	He/She is/They are about to do (something)
L'uomo/La donna/La persona sulla destra è seduto(-a)/in piedi/sdraiato(-a).	The man/woman/person on the right is sitting/standing/lying down.
Si vede/Si può vedere un gruppo di persone che chiacchiera.	We can see a group of people who are chatting.
Sono/Sembrano un gruppo di amici/di studenti/di lavoratori/una squadra (di sportivi).	They are/They seem to be a group of friends/students/workers/a (sports) team.
Le persone nella foto (non) sembrano del posto perché …	The people in the photo (do not) seem to be locals because …
A mio avviso questa foto cattura un momento/un'azione …	In my opinion, this photo captures a moment/an action …
Sembra che **ci sia** un'atmosfera positiva/allegra/gioiosa/tranquilla perché …	It seems that **there is** a positive/cheerful/joyful/peaceful atmosphere because …
Se guardo la foto con più attenzione posso notare che …	If I look at the photo more closely, I can notice that …
Immagino che le persone nella foto **si stiano preparando** per andare a una festa.	**I (would) guess that** the people in the photo **are in the middle of getting ready** to go to a party.
Possiamo dire che le persone sono appena arrivate perché/dato che/poiché …	We can say that the people have just arrived because …
Mi sembra che stiano per salire sull'autobus.	**It seems they are just about** to get on the bus.
Le persone nella foto sembrano divertirsi/annoiarsi.	The people in the photo seem to be *or* look as if they are having fun/are bored.
Sembra una festa di compleanno.	It seems to be a birthday party.
Forse si tratta di una festa in famiglia.	**Perhaps it is** a family celebration.
Penso che sia una sagra paesana.	**I think it is** a village festival/fair.
Non penso che/**Non credo che sia** una competizione sportiva.	**I don't think**/**I don't believe it is** a sports competition.
È probabile che sia un concerto all'aperto.	**It may be** an open-air concert.
È poco probabile che si tratti di una manifestazione studentesca.	**It is unlikely to be** a student demonstration.
Prima della foto … (+ *past tense*)/Dopo la foto … (+ *future*)	Before the photo, … (+ *past tense*)/After the photo, … (+ *future tense*)
Prima che la foto **fosse scattata**, …	Before the photo **was taken**, …
Dopo che la foto è stata scattata, …	After the photo was taken, …

Vocabolario utile

Collegamenti con la cultura italiana — Links to Italian culture

Si tratta dell'Italia …	This is Italy …
Si vede/Si nota che la foto è stata scattata in Italia perché …	You can see/You can tell that the photo was taken in Italy because …
È evidente che la scena si svolge in Italia perché …	It is evident that the scene takes place in Italy because …
A colpo d'occhio questa è un'immagine tipicamente italiana dato che …	At first glance, this is a typically Italian image since …
L'immagine rappresenta una scena tipicamente italiana perché …	The image depicts a typically Italian scene because …
Possiamo dire con certezza/sicurezza che si tratta di una città/un paese in Italia …	We can say for sure that it is an Italian town *or* city/village in Italy …
… perché si vede *o* vediamo …	… because we can see …
… per la presenza di …	… by the presence of …
… per il fatto che c'è/ci sono …	… by the fact that there is/there are …
Da quello che vedo, penso (proprio) che la foto sia stata fatta in Italia.	From what I can see, I (really) think that the photo was taken in Italy.
I cartelli indicano che la foto è stata fatta in Italia perché le scritte sono in italiano.	The signs indicate that the photo was taken in Italy because the writing is in Italian.
A mio parere, lo stile degli edifici/l'architettura è tipicamente italiano(-a).	In my opinion, the style of buildings/the architecture is typically Italian.
Ritengo che la scena si svolga in Italia/in una regione italiana/in una città italiana/in un paese italiano/in una località turistica italiana perché …	I believe that the scene takes place in Italy/in an Italian region/in an Italian town *or* city/in an Italian village/in an Italian tourist destination because …
… da quello che so …	… from what I know …
… da quello che ho letto/visto/sentito …	… from what I have read/seen/heard …
… da quello che mi è stato detto *o* raccontato …	… from what I have been told …
… da quello che ho sentito dire …	… from what I have heard …
… da quello che ho imparato *o* appreso nelle mie lezioni di italiano/a scuola …	… from what I learned in my Italian lessons/at school …
… da un articolo che ho letto/un programma (televisivo) che ho visto …	… from an article I read/a (TV) programme I saw …
… è una scena/tradizione tipica della Sicilia/di Napoli.	… it is a typical scene/tradition from Sicily/from Naples.
… è una festa/una celebrazione famosa/nota.	… it is a famous/well-known festival/celebration.
… è un festival conosciuto in (tutta) Italia.	… it is a festival that is well known in (all of) Italy.

Confronto con la propria cultura (somiglianze e differenze) — Comparing with your own country (similarities and differences)

così come/allo stesso modo (di/che)/nella stessa maniera (di)	as well as (what)/similar to (what)/in the same way (as)
in modo diverso *o* diversamente (da)	differently (from)
al contrario di (quello che)/contrariamente a	contrary to (what)/in contrast to
mentre in Italia …, nel mio Paese invece …	whilst in Italy …, in my country instead …
Ciò che *o* Quello che è simile/diverso nei due Paesi è (che) …	What is similar/different in the two countries is (that) …
In Italia, si è più/meno (+ *adjective*) che …/tanto (+ *adjective*) quanto …	In Italy, people are more/less (+ *adjective*) than …/as (+ *adjective*) as …

In questa regione italiana, c'è/ci sono più/meno/tanto (+ *noun*) quanto …

È il più/la più/È il meno/la meno (+ *adjective*).

Sono i più/le più/Sono i meno/le meno (+ *adjective*).

Questo aspetto della cultura italiana è simile alla/uguale alla/identico alla/diverso dalla cultura del mio Paese perché …

In this Italian region, there is/there are more (+ *noun*)/fewer (+ *noun*) than/as many (+ *noun*) as …

It's the most/It's the least (+ *adjective*).

They're the most/least (+ *adjective*).

This aspect of Italian culture is similar to/the same as/identical to/different from the culture of my country because …

Dare le proprie opinioni sulla foto

Ho scelto questa immagine perché …

Mi piace/Non mi piace questa foto perché …

Questa foto mi ha (subito) colpito dato che …

Ciò che *o* Quello che trovo interessante qui è (+ *noun*)/è che … (+ *subjunctive*)

Ciò che *o* Quello che mi sorprende/mi stupisce è (+ *noun*)/è che … (+ *subjunctive*)

Ciò che *o* Quello che mi colpisce/trovo scioccante è (+ *noun*)/è che … (+ *subjunctive*)

Questa scena mi fa pensare a/mi ricorda …

Giving your opinion on the photo

I chose this image because …

I like/I don't like this picture because …

This picture (immediately) caught my attention because …

What I find interesting here is (+ *noun*)/is (that) …

What surprises me/amazes me is (+ *noun*)/is (that) …

What strikes me/shocks me is (+ *noun*)/is (that) …

This scene makes me think of/reminds me of …

Per la prova orale: rispondere alle domande

Gli interrogativi

Cosa/Che cosa/Che …?

Chi …?

A chi/Con chi/Per chi …?

Quando …?

Da quando/Da quanto tempo …?

Dove/Da dove/Per dove …?

Come …?

Perché …?

Quanto(-a)/Quanti(-e) …?

Quante volte/Quanto spesso …?

Per quanto tempo …?

A che ora …?

A che età …?

Quale/Quali (+ *noun*) …?

Quale di questi(-e) …?

Che genere di/Che tipo di …?

C'è/Ci sono …?

Puoi parlarmi/descrivermi …?

Che cosa pensi di questo?

Puoi dirmi che cosa ne pensi …?

Qual è la tua opinione su …?

Sei d'accordo sul fatto che …?

For the oral exam: answering questions

Question words

What …?

Who …?

To whom/With whom/For whom …?

When …?

Since when/For how long …?

Where/From where/Which way …?

How …?

Why …?

How much/How many …?

How many times/How often …?

For how long …?

At what time …?

At what age …?

Which/What (+ *noun*) …?

Which one(s) …?

What kind of/What sort of …?

Is there/Are there …?

Can you tell me/describe for me …?

What do you think about that?

Can you tell me what you think about …?

What's your opinion on …?

Do you agree that …?

6 Vocabolario utile

Esprimere la propria opinione / Giving your opinion

personalmente …	personally, I …
secondo me *o* a mio avviso *o* a mio parere …	in my opinion …
per quanto mi riguarda …	as far as I'm concerned …
da parte mia …	for my part …
per quanto ne so/a quanto mi risulta	as far as I know/as far as I am aware
devo dire che … (+ *indicative*)	I must say that …
sono sicuro(-a)/convinto(-a)/assolutamente certo(-a) che … (+ *indicative*)	I am sure/convinced/certain that …
è evidente/innegabile/chiaro che … (+ *indicative*)	it is obvious/undeniable/clear that …
trovo che … (+ *subjunctive*)	I find that …
penso che … (+ *subjunctive*)	I think that …
credo che … (+ *subjunctive*)	I believe that …
ho l'impressione che … (+ *subjunctive*)	I have the feeling that …
è probabile che … (+ *subjunctive*)	it is likely that …
sembra che … (+ *subjunctive*)	it seems that …
è essenziale/importante/urgente/sconvolgente/inaccettabile che… (+ *subjunctive*)	it is essential/important/urgent/appalling/unacceptable that …
ciò che *o* quello che mi piace/non mi piace è …	what I like/dislike is …
ciò *o* quello di cui voglio parlare è …	what I want to talk about is …

Le opinioni altrui / What others think

si dice che/la gente dice che …	they say that/people say that …
alcuni dicono che/affermano che …	some people say/claim that …
secondo alcuni/stando a certe persone …	according to some/according to certain people …
secondo altri/per altri/per qualcun altro …	according to others/according to others/according to someone else …
ho visto/letto su internet che …	I've seen/read on the internet that …
ho sentito dire che …	I've heard that …
secondo i dati/le statistiche/un (recente) sondaggio …	according to figures/statistics/a (recent) survey …

A-Z for Italian AB/B (published by Elemi)

Vocabolario utile 6

Essere in accordo o disaccordo — Agreeing or disagreeing

(non) sono d'accordo (con)	I agree/disagree (with)
sono a favore *o* favorevole/contro *o* contrario(-a)	I'm for/against
è vero/falso	it's true/false
assolutamente/per niente	absolutely *or* exactly/not at all
forse/magari	maybe/perhaps
probabilmente	probably
è chiaro (che …)	it's clear (that …)
va da sé (che …)	it goes without saying (that …)
come è noto …	as is known …
senza (alcun) dubbio/senza ombra di dubbio	without (any) doubt/without a shadow of a doubt
(non) condivido questo punto di vista	I (don't) share this point of view
Penso di sì/ Penso di no.	I think so/I don't think so.
È esattamente quello che penso.	It's exactly what I think.
È l'esatto contrario di/È tutto l'opposto di quello che penso.	It's the exact opposite of/It's completely opposite to what I think.

Un problema di comunicazione? — A communication problem?

Scusa/Mi scusi, non capisco.	Sorry, I don't understand. (*informal/formal*)
Non ho sentito quello che hai/ha detto.	I didn't hear what you said. (*informal/formal*)
Non ho capito (bene) la domanda.	I didn't (really) understand the question.
Puoi/Può ripetere (più lentamente), per favore?	Could you repeat that (more slowly), please? (*informal/formal*)
Non lo so.	I don't know.
Non **ne** sono sicuro(-a)/certo(-a).	I'm not sure/certain **about it**.
Non mi ricordo (più).	I can't remember (anymore).
Come si dice/scrive 'X' in italiano?	How do you say/write 'X' in Italian?
Cosa significa 'X' in italiano?	What does 'X' mean in Italian?

Descrivere e commentare un'immagine — Describing and commenting on an image

Nella foto, si distingue/osserva/nota …	In the photo, we distinguish/observe/note …
Sulla destra/Sulla sinistra/Al centro dell'immagine si scorge …	On the right/On the left/In the centre of the image we can see …
a prima vista/a un primo sguardo	at first sight/at first glance
a uno sguardo più attento/guardando più attentamente/osservando meglio	on closer examination/looking more closely/observing more carefully
L'immagine è (molto) nitida/(un po') sfocata.	The image is (very) sharp/(a bit) blurry.
Lo sguardo si posa su …	The eye is drawn to …
L'espressione del viso ci fa pensare che …	The expression on the face suggests that …
Sembrerebbe che/È possibile che/È probabile che … (+ *subjunctive*)	it would seem that/it is possible that/It is likely that …
Lo scopo della foto è attirare l'attenzione su …	The purpose of this photo is to draw attention to …

Quest'immagine ci informa/ci fa pensare/ci fa scoprire …	This image informs us/makes us think/makes us discover …
L'immagine evoca/fa riferimento a o si riferisce a/dà l'impressione di …	The image evokes/refers to/gives the impression of …
Si potrebbe interpretare la fotografia come una denuncia/una critica a/di …	This photograph could be interpreted as a denunciation of/a critique of …
Posso dedurre che l'intenzione della fotografia è di stupire/sensibilizzare su/attirare l'attenzione sul problema di …	I can deduce that the intention of the photograph is to amaze/raise awareness of/draw attention to the issue of …

Presentare un estratto letterario / Presenting a literary extract

un testo in prosa/in versi	text in prose/in verse
il narratore	narrator
una scelta di stile/una figura retorica	stylistic device/stylistic figure
l'utilizzo di immagini/di metafore	use of images/of metaphors
la citazione/citare	quotation/to quote
Il romanzo s'intitola/è intitolato … ed è scritto da …	The novel is titled/is called … and it is written by …
Questo brano/estratto è tratto da (+ *work*) …	This text/extract is taken from (+ *work*) …
Il libro è uscito/è stato pubblicato nel xxxx/all'inizio del ventesimo secolo.	The work came out/was published in xxxx/at the beginning of the 20th century.
È un classico della letteratura italiana.	It is a classic of Italian literature.
La storia narrata è ambientata nel xxxx/negli anni '30/all'inizio/alla fine degli anni '70.	The story is set in xxxx/in the 1930s/at the beginning/at the end of the 70s.
Il testo/L'opera parla di/affronta il tema di/racconta la storia di/racconta le vicende di …	The text/The work talks about/explores the theme of/tells the story of/recounts the events of …
Nell'opera sono affrontati temi di vita quotidiana/di natura universale.	The work addresses themes of everyday life/of universal significance.
Il romanzo è scritto in uno stile ricco/essenziale/scarno/sperimentale.	The novel is written in a rich/plain/spare/experimental style.
Questo/Il brano descrive/racconta …	This/The extract describes/tells …
A riga … dice …, mentre nella riga precedente/successiva si legge …	At line … it says …, while in the previous/next line we read …
Un punto interessante è quando …	An interesting point is when …
Il punto di vista della narrazione è interno/esterno/onnisciente.	The narration is in the first person/in the third person/by an omniscient narrator.
In questo estratto, incontriamo il protagonista/compare il personaggio principale.	In this excerpt, we meet the protagonist/the main character appears.
In questo brano il personaggio …	In this extract the character …
Si tratta di un personaggio simpatico/affascinante/complesso/enigmatico.	It's a nice/fascinating/complex/enigmatic character.
La scena è un monologo/un dialogo/una conversazione tra …	The scene is a monologue/dialogue/conversation between …
Il registro linguistico è familiare/sostenuto.	The register is informal/formal.

Vocabolario utile 6

Il tono è tragico/comico/ironico/filosofico.	The tone is tragic/comic/ironic/philosophical.
Le scelte stilistiche dell'autore/autrice contribuiscono a rendere questo testo …	The stylistic features used by the author contribute to making this text …
… divertente/accattivante/appassionante/avvincente.	… fun/captivating/exciting/engaging.
Questo brano si situa all'inizio/a metà/verso la fine/alla fine dell'opera.	This passage is at the beginning of/in the middle of/near the end/at the end of the work.
L'azione/La scena si svolge/ha luogo …	The action/The scene happens/takes place …
È una scena chiave/un passaggio chiave/una citazione chiave.	It's a key scene/a key passage/a key quotation.
Questo estratto occupa un posto importante nell'opera, perché …	This extract has an important place in the work, because …
il significato del brano	meaning/significance of the passage
l'importanza/la pertinenza dell'opera	importance/relevance of the work
L'autore elogia o fa l'elogio di/critica/ridicolizza/prende in giro/si prende gioco di …	The author praises/criticizes/mocks/makes fun of/makes a mockery of …
evocare/fare allusione a/suggerire/sottolineare	to evoke/allude to/suggest/underline
L'opera riflette le preoccupazioni della sua epoca.	The work reflects the concerns of its time.
Il romanzo presenta/offre uno spaccato di vita quotidiana/cittadina.	The novel presents/offers a snapshot of daily/urban life.
Le tematiche affrontate nel testo sono ancora attuali.	The theme of the work is still relevant today.
Trovo questo estratto/passaggio interessante/importante/significativo/fondamentale perché …	I find this extract/passage interesting/important/significant/fundamental because …
Il brano è una riflessione su/ci fa riflettere su …	The passage is a reflection on/makes us reflect on …
(Non) consiglierei la lettura di questo libro perché …	I would (not) recommend reading this book because …

C Per la prova scritta

Sentences marked with a * are more advanced and, therefore, a good choice for Italian B SL/HL.

Vocabolario per le diverse tipologie di testo
La lettera/l'email a un/un' amico(-a)/la cartolina

Roma, 18 giugno 202X	Rome, 18th June 202X
Caro(-a)/Cari(-e)/Ciao (+ *name*)	Dear/Dear/Hello *or* Hi (+ *name*)
Grazie (mille) per la tua ultima lettera/email.	Thanks (a lot) for your last letter/email.
Ho (appena) ricevuto la tua lettera/email.	I (have) (just) received your letter/your email.
Scusa se ti rispondo/scrivo così in ritardo, ma ho avuto molto da fare.	Sorry for replying/writing so late, but I've been very busy.
* Scusami per il ritardo **con cui** ti rispondo, ma sono stato(-a) davvero impegnato(-a) negli ultimi giorni.	Sorry for the delay **in** replying, but I've been really busy over the past few days.
Sono riuscito(-a) a scriverti solo ora perché …	I've only just managed to write to you because …
Come stai?/Come va?/Come vanno le cose lì da te?	How are you?/How are you doing?/How are things with you?
E tu? Che cosa mi racconti di bello?	And you? What have you been up to?
Io sto bene/Qui tutto bene.	I'm fine/Here everything is fine.
Ciao!! Come va? Io sono in vacanza qui in Sardegna e mi sto divertendo un sacco/tantissimo!	Hey!! How's it going? I'm on holiday here in Sardinia and I'm having a lot of fun/an amazing time!
* È da tanto tempo che non ci sentiamo/È molto tempo che non ho tue notizie. Spero che tu **stia** bene.	It's been a long time since we last spoke/I've not heard from you for a long time. Hope you**'re** doing well.
* Come vanno le cose da quando ci siamo sentiti l'ultima volta?	How have you been doing (since we were last in touch)?
* Ti volevo (anche) dire che …	I (also) wanted to tell you that …
* Volevo chiederti se …	I wanted to ask you if …
Scrivimi presto!	Write to me soon!
A presto!/A prestissimo/Ci sentiamo presto!	See you soon!/See you very soon!/Speak soon!
* Attendo presto tue notizie. Ci conto!	I look forward to hearing from you soon. I'm counting on it!
un caro saluto/con affetto	best wishes/with love
un abbraccio (grande)/ti abbraccio forte	love/much love (*literal: a* (*big*) *hug*)
un bacio/un bacione/baci	a kiss/a big kiss/kisses

Vocabolario utile 6

Lettera/email formale	Formal letter/email
Egr. (egregio) Sign. (signore)/Gent.le (gentile) Sign.ra (signora)	Dear Sir/Dear Madam
Egr. sign. Rossi	Dear Mr Rossi
Gent.le sign.ra Rossi	Dear Mrs/Ms Rossi
Gent.le sign.na (signorina) Rossi	Dear Miss Rossi
Egr. Dott. (dottore)/Egr. Prof. (professore)/ Egr. Ing. (ingegnere)/Egr. Avv. (avvocato)	Dear Sir (*when writing to someone with a particular job title*)
Gent.le (gentile) Dott.ssa/Gent.le Prof.ssa/ Gent.le Ing./Gent.le Avv.	Dear Madam (*when writing to someone with a particular job title*)
Spett.le (spettabile) (+ *company name*)	Dear (+ *company name*)
Alla cortese attenzione di …	For the attention of …
Oggetto: Richiesta di informazioni	Subject: Request for information
In risposta/In seguito alla Sua *o* Vostra lettera/email (del) …	In response to/Following your letter/email (of) …
Le scrivo (*to a person*)/Vi scrivo (*to a company*) in riferimento/in merito a …	I am writing to you regarding/in relation to …
* Con la presente Le/Vi comunico che …	(*Literal: With this letter*) I am writing to inform you that …
Desidero esprimere il mio disappunto riguardo a …	I wish to express my disappointment regarding …
Mi permetto di contattarLa per …	I am taking the liberty of contacting you to …
* Le sarei (davvero) riconoscente se **potesse** …	I should be (really) grateful if you **could** …
Ringraziando(La/Vi) per la cortese attenzione …	Thank you for your kind attention/for your consideration.
In attesa di una Vostra risposta …	I look forward to hearing from you …
(Porgo) distinti/cordiali saluti	Yours sincerely/Yours faithfully

La lettera di accompagnamento	Covering letter
Oggetto: Candidatura per (+ *job name*)	Subject: Application for the position of (+ *job name*)
Oggetto: Richiesta di stage/tirocinio	Subject: Application for a placement/an internship
Alla cortese attenzione del Responsabile/ Direttore del personale	For the attention of the HR Manager/Personnel Director
In riferimento al vostro annuncio su lavoro.it, Vi invio la mia candidatura per la posizione di …	With reference to your advertisement on lavoro.it, I am sending my application for the position of …
* Con riferimento all'inserzione pubblicata sul vostro sito, vorrei sottoporre il mio curriculum/ la mia candidatura per …	With reference to the advertisement posted on your website, I would like to submit my CV/my application for …
* Vi contatto per ottenere alcune informazioni/ candidarmi per il lavoro …	I am contacting you to obtain some information/to apply for the job …
Sono fortemente interessato(-a)/motivato(-a) a …	I am very interested in/highly motivated to …
Ritengo di essere una persona …	I consider myself to be a person …
le mie qualifiche	my qualifications
le mie competenze	my skills
la mia esperienza (lavorativa)	my (work) experience
i (miei) titoli di studio	(my) academic qualifications
Grazie ai miei studi in … e al tirocinio in …	Thanks to my studies in … and the internship in …
* In attesa di un vostro riscontro, Vi invio in allegato il mio curriculum (vitae).	I look forward to hearing from you, and I attach/enclose my CV (curriculum vitae).
Resto a disposizione per ulteriori informazioni e chiarimenti.	Please do not hesitate to contact me if you require any further information or clarification.

6 Vocabolario utile

Il diario | Personal diary

Bologna, 3 maggio 202X — Bologna, 3rd May 202X

Caro diario, … — Dear diary, …

Voglio parlarti di/raccontarti di … — I want to talk to you/tell you about…

*Ti devo (assolutamente) raccontare cosa ho fatto oggi. — I (absolutely) have to tell you what I did today.

*Non sai cosa mi è successo! Ora ti racconto. — You won't believe what happened to me! I'll tell you now.

*Indovina un po' chi ho incontrato ieri. — Guess who I bumped into/met yesterday?

Ti devo lasciare, sono molto stanco(-a)/ho tanti compiti da fare. — I must go, I'm very tired/I have a lot of homework to do.

Ora devo proprio andare. — I really need to go now.

E questo è tutto per ora/per oggi. — That's all for now/for today.

A domani/A presto mio caro diario! — See you tomorrow/See you next time my dear diary!

L'invito informale | Informal invitation

Sei invitato(-a)/Ti invito a (+ *occasion*) — I would like to invite you to … (+ *occasion*)

La festa si terrà sabato 5 aprile dalle ore 21:00 presso il ristorante Il Giardino dei Sapori, via Verdi 108, Ferrara. — The party will take place on Saturday 5th April from 9pm at Il Giardino dei Sapori, Via Verdi 108, Ferrara.

Ci sarà tanta musica, buon cibo e, naturalmente, tanto divertimento! — There will be lots of music, good food and, of course, plenty of fun!

Non mancare!/Non mancate! — Don't miss it!

Ti aspetto/Vi aspettiamo! — Hope to see you there!

Fammi sapere se puoi/potete venire! — Let me know if you can make it!

L'invito formale | Formal invitation

Siete cordialmente invitati(-e) a (+ *occasion*) — You are warmly invited to … (+ *occasion*)

Ho/Abbiamo il piacere di invitarLa/Vi a (+ *occasion*) — It is with great pleasure that I/we invite you to (+ *occasion*)

Sono felice/Siamo felici di invitarLa/Vi a (+ *occasion*) — I am pleased/We are pleased to invite you to (+ *occasion*)

La festa/La cerimonia/L'evento avrà luogo/si svolgerà/si terrà (+ *date*/*time*) a o in (+ *place*). — The party/The ceremony/The event will take place/will be held/will take place on (+ *date*/*time*) at or in (+ *place*).

È richiesto l'abito da sera. — Dress code: black tie.

Si prega/Siete pregati di confermare la partecipazione al seguente indirizzo email/telefonando al numero … entro (+ *date*) — Please confirm your attendance by emailing the following address/by calling the number … by (+ *date*)

È gradita gentile conferma. — Kindly confirm your attendance/RSVP.

Il blog | Blog

Ciao a tutti/Ciao ragazzi! — Hi everyone/Hi guys!

Cari lettori/Care lettrici — Dear readers

Benvenuti sul mio blog! — Welcome to my blog!

un nuovo post — a new post

un aggiornamento — an update

l'archivio — the archives

*Oggi vi scrivo questo post per … — I am writing this post today to …

lasciate dei commenti — please leave comments

E voi cosa ne pensate? Scrivete i vostri commenti qui sotto! — And what do you think? Leave your comments below!

*Condividete il più possibile! Mi raccomando! — Share as much as possible! Please make sure to!

Alla prossima! — See you next time!

A-Z for Italian AB/B (published by Elemi)

Vocabolario utile 6

Il discorso / Speech

Gentile Preside/Cari Professori e cari studenti/Cari amici/Cari colleghi/Signore e Signori	Dear principal/Dear teachers and students/Dear friends/Dear colleagues/Ladies and gentlemen
Sono qui per parlarvi di …	I am here to talk to you about …
Oggi affronterò l'argomento di …	Today I will talk about …
*L'argomento/Il tema **di cui** parlerò oggi è …	The subject/The topic I am going to talk **about** today is …
Prima di tutto esaminiamo il problema/la questione …	Let's first examine the problem/the issue of …
Ora passiamo a …	Let's move on to …
Consideriamo poi …	Let's now consider …
Sapete che …?	Do you know that …?
*Non pensate che … (+ *subjunctive*)?	Don't you think that …?
*Non siete d'accordo con me su fatto che … (+ *subjunctive*)?	Don't you agree with me that …?
Concludo dicendo che …	I will conclude by saying that …
Avete delle domande?	Do you have any questions?
Grazie a tutti per l'attenzione/Vi ringrazio per la vostra attenzione.	Thank you for your attention.

La recensione / Review

Questo libro/film si intitola X e tratta di …	This book/film is entitled X and is about …
Racconta la storia di …	It tells the story of …
un film uscito nelle sale/tratto dal romanzo …	a film released in cinemas/based on the novel …
Il libro/Il film è basato su fatti realmente accaduti/è tratto da una storia vera.	The book/film is based on true events/is taken from a true story.
Il libro/Il film ha ricevuto numerosi premi/riconoscimenti.	The book/The film has won numerous prizes/awards.
È un libro/un film interessante/coinvolgente/accattivante.	It's an interesting/engaging/captivating book/film.
Un libro da leggere/Un film da vedere assolutamente!	A must-read book/A must-see film!
Ottimo/Fantastico/Un capolavoro!	Excellent/Fantastic/A masterpiece!
Pessimo/Terribile/Deludente!	Awful/Terrible/Disappointing!
Da non perdere!	Not to be missed *or* Don't miss it!
Da evitare!	To be avoided *or* One to avoid!
Raccomandato/Consigliato/Consigliatissimo!	Recommended/Recommended/Highly recommended!
Sconsigliato/Sconsigliatissimo!	Not recommended/Definitely not recommended!
Il migliore/Il peggiore ristorante in zona.	The best/The worst restaurant in the area.
Torneremo sicuramente!	We will definitely come back!
Pessima esperienza/Non torneremo mai più!	Terrible experience/We will never come back!
Un soggiorno da sogno!	A fabulous stay! (*literal: a dream stay*)
Se torneremo a Firenze, soggiorneremo nuovamente qui. Consigliamo vivamente questo albergo.	If we return to Florence, we'll definitely stay here again. We highly recommend this hotel.

Vocabolario utile

L'articolo / Article

il giornale scolastico …/la gazzetta di …	the school magazine/the gazette of …
una rubrica	column
di (+ *name*)	written by (+ *name*)
dire (*past participle: detto*)/raccontare/dichiarare/affermare/riferire/riportare	to say/to tell/to state/to assert/to refer/to report

Il resoconto / Report

Oggetto: …	Subject: …
Da: …	From: …
A/All'attenzione di: …	For the attention of: …
In data … si è discusso …	On (+ date), we discussed …
La riunione è iniziata/è terminata/si è conclusa a/alle …/è durata dalle … alle …	The meeting started/ended/finished at …/lasted from … to …
Il problema affrontato/La questione discussa …	The issue at hand/The problem addressed …
L'obiettivo/Lo scopo della riunione …	The purpose/The objective of the meeting …
Al termine della riunione, si è deciso che …	At the end of the meeting, it was decided to …

L'annuncio / Advert

Offro/Offresi	Offering/Available
Vendo/Vendesi	Selling/For sale
Affitto/Affittasi	Renting/To let/For rent
Cerco/Cercasi	Looking for/Wanted
Se siete interessati, contattatemi	If you're interested, contact me
Per maggiori informazioni scrivete/inviate un messaggio a …	For more information, write/send a message to …

Vocabolario utile 6

Note that while these connectors might be more commonly found in written language, you could also choose to make use of them in your oral work. Connectors marked with a * are more advanced and, therefore, a good choice for Italian B SL/HL.

Per la prova scritta: i connettivi / For the written exam: connectors

Per sviluppare un argomento / Developing an idea

primo (secondo, terzo, ecc.)/per prima cosa …	first *or* firstly (second, third, etc.) …
in primo (secondo, terzo, ecc.) luogo	first (second, third, etc.)
per iniziare/per cominciare	to start with/to begin with
prima di tutto *o* innanzitutto	first of all
* la prima constatazione da fare è che …	the first thing to say is that …
dopo/poi/in seguito	then/next/following on from that
* prima **di** (+ *noun or infinitive*)	before
* prima **che** (+ *conjugated verb often in the subjunctive*)	before (**that**)
* dopo **aver**/**essere** (+ *past participle*)	after (+ …**ing**) *or* **having** (done something)
inoltre/oltre a ciò	moreover/furthermore
anche	also
oppure	or
in conclusione	in conclusion
infine/per finire	finally/to finish
in sintesi	in summary
insomma/per riassumere	in short/to summarize

Per chiarire / Clarifying

in altre parole *o* in altri termini	in other words
cioè/ossia/ovvero	that is/that is/namely
più precisamente	more precisely
* questo è per dire che …	that is to say that …
* quello che voglio dire è che …	what I want to say is …

Per fare degli esempi / Giving an example

per esempio	for example
* Prendiamo come esempio/a titolo di esempio …	Let's take as an example/for instance …
infatti	indeed
specialmente/soprattutto	especially/above all
in particolare	in particular
* per citare/a detta di molti	to quote/according to many people

Per contrastare/fornire dei contro-esempi o delle alternative	Contrasting/Giving a counter-example or an alternative
ma *o* però	but
tuttavia *o* comunque	however
al contrario	on the contrary
invece (di)	instead (of)
da un lato … dall'altro …	on the one hand …, on the other hand
anche se	even though
dal momento che	since
detto questo	having said this
in ogni caso	in any case
* malgrado (+ *noun/subjunctive*)	despite
* nonostante *o* sebbene *o* benché (+ *subjunctive*)	although
* ne risulta che	as a result

Per esprimere la causa	Expressing a cause
perché *o* poiché	because
dato che/visto che	given that/since
a causa di (+ *noun*) (*negative*)	because of (*negative*)
grazie a (+ *noun*)/per merito di (*positive*)	because of/thanks to (*positive*)
è per questa ragione *o* questo motivo che …	it is for this reason that …

Per esprimere la conseguenza	Expressing a consequence
così/allora	so/thus
quindi/dunque/perciò	therefore/thus/thus
di conseguenza	consequently
in effetti/di fatto	in fact/as a matter of fact

Per esprimere il fine	Expressing a goal
per (+ *infinitive*)	in order to
al fine di (+ *infinitive*)	so that *or* with the aim of
in modo da (+ *infinitive*)	so that *or* so as to
* affinché (+ *subjunctive*)	in order to

Vocabolario utile 6

Per esprimere una restrizione	**Expressing a restriction**
eccetto/tranne	except
ad eccezione di	with the exception of
solo *o* solamente *o* soltanto	only
Per fare una citazione	**Quoting**
secondo X/per citare X	according to X/to quote X
X pensa che … (+ *subjunctive*)	X thinks that …
Non sono d'accordo con X quando X dice che …	I disagree with X when X says that …
Per citare l'opinione/il parere di X sulla questione, …	To cite X's opinion/view on the matter, …
Riportando quanto dice X sulla questione, …	Reporting what X says on the matter, …
* Alcuni ritengono/sostengono che … (+ *subjunctive*)	Some people think/believe that …
Esprimere il proprio punto di vista	**Giving your opinion**
Secondo me *o* A mio parere *o* A mio avviso	In my opinion
Per quanto mi riguarda/Personalmente/Da parte mia/Da quanto vedo	As far as I am concerned/Personally/As for me/As far as I can see
Sono a favore/Sono a sostegno di …	I am in favour of/I support …
* Sono dell'opinione *o* dell'avviso che … (+ *subjunctive*)	I am of the opinion that …
* Sono convinto(-a) che … (+ *subjunctive*)	I am convinced that …
(Ma) certo *o* certamente/Ben inteso/Ovviamente!	Of course!
Non è proprio il caso/Assolutamente no/Fuori questione!	That's not the case/Absolutely not/No way!
* È intollerabile/inammissibile/inaccettabile/insopportabile che … (+ *subjunctive*)	It is intolerable/inexcusable/unacceptable/unbearable that …
* Accetto l'idea che … (+ *subjunctive*)	I accept the idea that …
* Non condivido il punto di vista di chi dice che …	I don't share the point of view of those who say that …
* Dubito fortemente che … (+ *subjunctive*)	I very much doubt that …
* Non posso sopportare/tollerare l'idea che … (+ *subjunctive*)	I can't stand/bear the idea that …
* Quello che non sopporto/tollero/capisco è che … (+ *subjunctive*)	What I can't stand/bear/understand is that …
* Quello che mi dà (più/maggiormente) fastidio è che … (+ *subjunctive*)	What bothers me (more/the most) is that …

www.ingramcontent.com/pod-product-compliance
Lightning Source LLC
Chambersburg PA
CBHW061139230426
43663CB00023B/2971